应用型大学管理类高质量人才培养系列教材

现代猎头实务实训教程

（初　级）

XIANDAI LIETOU SHIWU SHIXUN JIAOCHENG

主　编　李葆华

副主编　何霭莉　史　娜　王　文　江

·广州·

版权所有　翻印必究

图书在版编目（CIP）数据

现代猎头实务实训教程：初级/李葆华主编；何霭莉等副主编．—广州：中山大学出版社，2022.9
应用型大学管理类高质量人才培养系列教材
ISBN 978-7-306-07431-7

Ⅰ.①现… Ⅱ.①李…②何… Ⅲ.①人力资源管理—高等学校—教材 Ⅳ.①F243

中国版本图书馆 CIP 数据核字（2022）第 067196 号

出　版　人：	王天琪
策划编辑：	邹岚萍
责任编辑：	邹岚萍
封面设计：	曾　斌
责任校对：	陈　莹
责任技编：	靳晓虹
出版发行：	中山大学出版社
电　　话：	编辑部 020 - 84110283，84113349，84111997，84110779，84110776
	发行部 020 - 84111998，84111981，84111160
地　　址：	广州市新港西路 135 号
邮　　编：	510275　　传　真：020 - 84036565
网　　址：	http://www.zsup.com.cn　E-mail: zdcbs@mail.sysu.edu.cn
印　刷　者：	佛山市浩文彩色印刷有限公司
规　　格：	787mm×1092mm　1/16　17.5 印张　316 千字
版次印次：	2022 年 9 月第 1 版　2024 年 1 月第 2 次印刷
印　　数：	3001～6000 册
定　　价：	50.00 元

如发现本书因印装质量影响阅读，请与出版社发行部联系调换

本书编委会

主　　编：李葆华
副 主 编：何霭莉　史　娜　王　文　江　苗
参编人员：邓采薇　梁　冬　周　幸　耿世界
　　　　　　刘洪华　陈　芬　杨秀平

编委会成员简介

李葆华	广州南方学院公共管理学院人力资源管理专业教师、猎头研究与培训中心指导老师，广州南苑人力资源管理咨询有限公司联合创始人
史　娜	广州南方学院公共管理学院副院长、猎头研究与培训中心主任，广州南苑人力资源管理咨询有限公司联合创始人
何霭莉	广州普恩企业管理服务有限公司首席运营官、联合创始人
王　文	广州普恩企业管理服务有限公司首席执行官、联合创始人
江　苗	汇企猎将（广州）教育科技有限公司联合创始人
邓采薇	广州普恩企业管理服务有限公司项目经理
梁　冬	广州普恩企业管理服务有限公司项目经理
周　幸	展动力（深圳）人才集团人力资源总监
耿世界	展动力（深圳）人才集团人力资源经理
刘洪华	广州南方学院公共管理学院人力资源管理专任教师、猎头研究与培训中心指导老师
陈　芬	广州南方学院公共管理学院人力资源管理专任教师、猎头研究与培训中心指导老师
杨秀平	广州南方学院公共管理学院人力资源管理专任教师、猎头研究与培训中心指导老师

序 一

伴随着中国的改革开放和经济的高速发展，从20个世纪1993年诞生第一家猎头公司开始，到现在本土猎头公司快速崛起、蓬勃发展，中国的猎头公司已经走过了近30年的历程。[①]

众所周知，自2012年起，中国已然成为世界第二大经济体。中国产业的转型升级也一直在路上，近年来更有加速推进之势。在这个新时代背景下，中国的人力资源市场发生了许多翻天覆地的变化。

2017年4月17日，公安部印发经中央全面深化改革领导小组第三十二次会议审议通过的《外国人永久居留证件便利化改革方案》[②]，标志着中国加大了在国际社会人才竞争的力度。

2017年9月29日，人力资源和社会保障部发布《人力资源服务业发展行动计划》（人社部发〔2017〕74号），该计划中提到的以下2020年目标任务值得关注：[③]

第一，基本建立专业化、信息化、产业化和国际化的人力资源服务体系。实现公共服务有效保障、经营性服务逐步壮大，服务就业创业与人力资源开发配置能力显著提高，人力资源服务业对经济增长贡献率稳步提升。

第二，产业规模进一步增长。到2020年，人力资源产业规模达到2万亿元；培育形成100家左右在全国具有示范引领作用的行业领军企业；培育一批有特色、有规模、有活力和有效益的人力资源服务产业园。

第三，行业结构进一步优化。人力资源服务行业结构更加合理，服务主体进一步多元化，服务业态更加丰富，产品附加值显著提高，各类业态协调发展。

第四，人才队伍进一步壮大。不断提高从业人员专业化、职业化水平；

---

① 《中国第一家猎头公司歇业：这世上，从来没有稳定的工作！》，https://view.inews.qq.com/a/20220208A04GO200。

② 《外国人永久居留证件便利化改革方案》，http://www.gov.cn/xinwen/2017-04/17/content_5186501.htm。

③ 《人力资源服务业发展行动计划》，http://www.mohrss.gov.cn/xxgk2020/fdzdgknr/jy_4208/rlzyscjg/202011/t20201102_394469.html。

培养行业领军人才,加大行业高层次人才培养和引进力度;到2020年,行业从业人员达到60万名,领军人才达到1万名左右。

第五,服务能力进一步提升。人力资源服务市场化、专业化水平和国际竞争力大幅提升,服务方式不断改进,服务质量明显提升,规模化、品牌化和信息化水平不断提高,为"一带一路"倡议、"京津冀协同发展"等国家重大战略提供人力资源支撑保障的能力显著增强。

2021年7月28—29日,第一届全国人力资源服务业发展大会在重庆举行。此次大会由人力资源和社会保障部、重庆市人民政府主办,主题为"新时代、新动能、新发展",这是改革开放以来,我国首次举办全国性人力资源服务行业大会。据统计,截至2020年底,全国共有各类人力资源服务机构4.58万家,年营业收入突破2万亿元,全年为2.9亿人次劳动者提供了就业、择业和流动服务,为4983万家次用人单位提供了专业服务。①

随着新生人口数量的下降以及人口老龄化的到来,"抢人大战"(尤其是针对高端稀缺人才)的日益加剧,猎头公司和猎头顾问作为企业获取所需人才的重要途径之一,其价值和重要性已经得到证明并获得认可。经过近30年的发展,猎头的行业水平得到了显著的提升,中国本土猎头公司和猎头顾问也得到了快速的成长。然而,与国外有着非常成熟的商业服务模式和专业服务标准体系的猎头公司及行业相比,中国本土的猎头公司及行业的发展仍然任重道远。

如何从鱼龙混杂、乱象丛生的猎头行业2.0版本,升级为与互联网+、大数据、人工智能、"一带一路"等时代背景相匹配的3.0版本,值得所有与人力资源相关的政府主管单位、行业组织、从业者、行业研究者深思。

早在1959年的太平洋彼岸,来自美国本土的7名猎头行业先驱,倡导并成立了美国主管招募顾问协会(assiciation of executive recruiters consultants,AERC),后于1982年更名为国际高级人才咨询协会(assiciation executive search consultants,AESC),国内多数人称之为"国际猎头行业协会"。经过50多年的发展,AESC已然从一个小规模协会成长为一个会员遍布全球70多个国家、拥有8000多名资深猎头顾问会员的行业巨人,从行业内部争斗的调停者进化为全球猎头行业国际惯例的制定者。

---

① 《全国各类人力资源服务机构年营业收入首次突破2万亿元》,https://baijiahao.baidu.com/s?id=1710325098813261464&wfr=spider&for=pc。

世界 500 强企业中的人力资源服务企业以及全球优秀猎头公司（部分公司咨询业务和人才寻猎相结合），绝大多数均在欧、美、日。我们是否可以从国际高级人才咨询协会及全球优秀猎头公司的成长历程中借鉴到一点什么呢？

为了促进猎头行业的规范化和良性发展，提升猎头顾问的专业标准，增强中国猎头行业的国际竞争力，当时的中山大学南方学院（现广州南方学院）于 2013 年成立了国家猎头研究中心。作为国内高校第一个专注于人力资源管理专业现代猎头方向人才培养、行业研究的科研单位，中心联合国内学界、业界人士，整合资源、搭建平台，以求推动猎头行业的升级蜕变。《现代猎头实训指南》《现代猎头实务实训教程（初级）》《现代猎头法律实务》《现代猎头原理与案例》《现代猎头实务实训教程（中级）》等应用型大学系列教材的编写及出版就是一种积极的尝试。

高校人力资源管理专业现代猎头方向人才培养的拓荒之路漫漫，我们将继续凝聚众多高校和业界团队力量，拓展校企合作，深挖产教融合，为推动行业的发展添砖加瓦。

陈天祥

中山大学政治与公共事务管理学院教授、博士生导师

广州南方学院公共管理学院院长

2021 年 11 月 1 日

序 二

自1993年第一家猎头公司成立至今，猎头行业在中国已经发展了近30年，从过去鲜为人知、神秘异常发展到广为人知，所发生的故事甚至被搬上了荧幕（电视剧《猎场》）。这种变化和影响，不仅深入到许多行业和相关领域，还辐射到人力资源管理专业人才培养地的高等院校。

我第一次与猎头的正面相遇大约在15年前，当时，我接到了一个自称是猎头顾问的人的电话，邀请我去一家企业任职，而我无法分辨对方身份的真伪。之后，我逐渐在人力资源服务业的朋友圈中了解猎头，结交了一些猎头公司的老总，但仍然没有理性地将这一业务与高校教育完全建立起联系。真正的专业性邂逅是在2020年4月上海踏瑞计算机有限公司组织的"线上微研讨"，其间，葆华老师分享了"高校猎头教育的拓荒之旅——应用型转型背景下人力资源管理专业现代猎头方向的人才培养模式探索与实践"。葆华老师对猎头教育和猎头实务的侃侃而谈深深地吸引了我，我意识到以葆华老师为代表的一些学者在这一领域已不仅是拓荒者，而且是深耕者。再次深入接触则是在2020年8月，当时，我带领北京劳动职业保障学院劳动经济管理学院人力资源管理专业教研室和人事处的同仁们组团参加了由中国人力资源开发研究会主办，中山大学南方学院（现广州南方学院）公共管理学院、国家猎头研究与培训中心承办，上海踏瑞计算机软件有限公司协办的首届全国高校现代猎头师资班（线上班）。通过师资班上各大人力资源（猎头）企业资深顾问的深入分享，我对高级人才寻访（现代猎头）的整个流程有了清晰的认知。正是上述两次的"亲密"接触，我才了解到第三方人力资源服务的高级人才寻访（现代猎头）项目已经在高校萌芽了。

乘国家政策东风，应用型本科教育和高等职业教育迎来了新的发展契机。2015年11月，教育部、国家发展改革委与财政部共同颁布《关于引导部分地方普通本科高校向应用型转变的指导意见》，正式拉开了地方本科院校转型发展应用型本科教育的帷幕。广州南方学院公共管理学院及猎头研究与培训中心的团体同仁以此为契机，深挖第三方人力资源服务领域，引进业界丰富的资源，搭建校企合作、产教融合、协同育人的新模式，并走在全国同行的前列，其做法与经验非常值得同仁借鉴。

在教育部发布的 2021 版《职业教育专业目录》中，我与人力资源和社会保障行指委的专家们一起在公共管理与服务大类中贡献了一个新专业——职业指导与服务，其目标岗位之一即是高级人才寻访，所在的学校北京劳动保障职业学院在全国率先设立该专业。进行专业论证时，所邀请的企业专家有三分之一来自猎头公司。无论是国家专业目录的更新，还是我校新专业的设立，与近年来和葆华老师所在的广州南方学院的团队深入交流与学习是密不可分的。在我校牵头建设的国家级专业教学资源库——人力资源管理专业教学资源库中，我更是受到启发，倡议设立了一门标准化课程"猎头实务"，其主建团队也是广州的同仁们。应该说，广东在猎头实务的沃土上为全国作出了重要的贡献，以葆华老师为代表的学者们所研究与探索的结晶也为我国猎头实务教育打下了坚实的基础。

纵观商业变迁历史和高等教育发展脉络，我们不难发现"商业中的行业细分、高等教育中的专业深挖"已然成为一种趋势。因此，我们在进行通识教育、提升学生综合素质的同时，为了提升学生的就业竞争力，对高年级的学生实行精细化的培养，这也是一种很好的尝试。正如葆华老师所说："高校若计划开设人力资源管理专业现代猎头方向，应该重构该方向学生的能力培养方案，尽量做到精细化、层次化、结构化、立体化，不仅支撑当下的就业，而且需要帮助学生走的更高、更远。"

我相信，在互联网＋、人工智能、大数据不断融合到各行业、各专业的背景下，人力资源管理专业、职业指导与服务等专业绝不会只停留于深挖人力资源服务的方向上，一定会有学科跨界、融合现象的出现，从而形成"人力资源管理＋"的培养模式。让我们一起期待这种模式的诞生，一起期待更多高校加入高校猎头教育拓荒之旅。

是为序。

李　琦

管理学教授、经济学博士、劳动经济学博士后

北京劳动保障职业学院劳动经济管理学院院长

国家教育部人力资源和社会保障行指委副主任

2022 年初夏

前　言

　　时光荏苒，岁月如梭，《现代猎头实训指南》的出版距今已过三年。

　　在这三年期间，我们每年如期邀请众多人力资源或猎头公司进行座谈，也走访了众多人力资源或猎头公司，以了解人力资源或猎头市场前沿动态，让相关人才培养能够与时俱进。

　　在这三年期间，我们尝试在校企合作产学研协同育人方面不断深度挖掘，努力对从宏观框架设计落地到人才培养的动态过程进行管控，以培养更多行业专业领域所需人才。

　　在这三年期间，国内越来越多的高校加入到猎头顾问人才培养行列之中，使用《现代猎头实训指南》的高校数量也逐渐增加。我们将继续不断地和更多的高校相互交流探讨，以凝聚群体的智慧，获得更多宝贵的反馈意见，推动"现代猎头实务实训"课程的发展。

　　作为人力资源、猎头公司等第三方服务企业（人力资源服务、咨询服务等）等系列校企合作产学研协同育人的直接推动者和参与者，我每时每刻都在思考，如何为企业培养合适的人才，又如何让准备从事招聘工作的学生具备基本的职业素养及竞争力。

　　由于众多原因，高校猎头教育依然处于拓荒阶段，"招人难、用人难、育人难、留人难"等现象并不是甲方企业独有，很多人力资源服务企业或猎头公司的高管们也经常感叹这种现象。2019年底暴发的新冠肺炎疫情给全球经济带来了重大影响。中国由于采取了严格的防控措施，并取得了显著成效，经济率先在全球复苏，在可以预见的未来，中国经济在继续增长的同时也将发生经济结构的重大调整。根据国家统计局第七次人口普查数据及公告，"60岁以上的人口超过2.64亿，人口老龄化程度进一步加深，未来一段时期将持续面临人口长期均衡发展的压力"。通过这些数据，我们可以感知到未来中国的人才结构将发生很大的变化。古人云："得人才者得天下。"人才问题将是甲方企业（政府、事业单位、国有企业、民营企业、外资企业）与第三方服务企业必须思考的新常态问题。

　　根据众多读者、第三方人力资源服务公司、甲方企业人力资源部的反馈和建议，我们在《现代猎头实训指南》的基础之上进行了迭代优化，并在内容上做了相应的调整，计划编写"现代猎头实务实训教程系列"，尝试建立一个阶梯式成长体系，分为初级、中级、高级三个层次。初级教程主要面向没有工作经验的大学生及初次从猎者，中级教程主要面向学过初级教程的大学生及有一定从猎经验者，高级教程主要面向学过中级教程的大学生或具有较长从猎经验者。

站在编者的角度，考虑到人力资源管理专业（尤其是现代猎头方向）极具实践性，建议教学的教师及选课的学生在实践中领悟、感知、升华，也建议各高校为实践型教学尽可能创造或提供条件。虽然我们努力让《现代猎头实务实训教程（初级）》接近实战，但是模拟终归是模拟，无法和真正意义上的实战相提并论。

《现代猎头实务实训教程（初级）》主要有以下一些特点。

第一，增加了猎头顾问自我管理的内容。猎头顾问在猎头行业的发展及猎头公司的业绩增长中均起到非常重要的作用，尤其是对没有明确生涯规划的大学生而言，弄清自我人才画像及自我生涯管理尤为重要。行业、企业、岗位的选择和规划对任何人而言都非常重要。

第二，增加了情景故事《猎头顾问成长记Ⅰ》。我们尝试着把全书实训模块部分的理念穿插于情景故事中，让读者有角色代入感，以期让读者产生更多切身的感受。

第三，增加了实训感悟、复盘实训过程，记录成长历程。实训的过程很重要，复盘同样重要，每次实训结束、课堂展示完毕，教师和学生均会给予每个小组点评，这些点评意见甚为宝贵。如果重新再来一次，我相信许多小组的认知、思维都会做出调整和改变，实训成果呈现会更棒，这就是复盘的价值所在。

第四，内容优化不减质，实训更加精练、紧凑。本书对八个模块 25 个实训项目进行了优化，对部分内容进行了整合、删减、调整，使得整本书的内容更加精练、紧凑。

第五，邀请广州普恩企业管理服务有限公司、深圳展动力人才集团、汇企猎将（广州）教育科技有限公司的同仁参与本教程的编写及优化工作。广州普恩企业管理服务有限公司是一家新锐企业，主要业务有企业咨询、人才寻聘业务，主要参与了本教材的实训内容及素材的撰写工作。深圳展动力人才集团最近 10 年获得了长足的发展，在内资猎头服务领域中排名靠前，主要参与了部分实训项目的编撰工作，同时对本教程的全部内容进行了细致、深入的审校、修订工作，使之更趋完善。

人的复杂性远超我们的想象，人的深层次动机有待被继续探索。欲从事人力资源（HR）工作的大学生，基本都在与人打交道，而作为猎头顾问，无论是开拓企业客户，还是寻访人才候选人，均与人息息有关。因此，我们希望，通过**猎头顾问自我管理**，**企业客户开拓**，**谈判签约**，**项目管理**，**寻访与甄选**，**面试评估及匹配**，**候选人的推荐**、**背景调查**，**客户面试及聘用**，**候选人离职**、**入职管理等模块**的实务实训，不仅能够掌握完成"事项"的能力，而且能够获得感悟"人"的能力，最终实现"**人企匹配、人岗匹配**"（在合适的时间和地点，把合适的人匹配到合适的组织和岗位，从事合适的工作，从而创造更大的价值）。

期待有更多的高校加入猎头顾问的人才培养行列，期待中国的猎头行业越来越规范，期待中国本土猎头公司在全球范围内越来越有竞争力。

李葆华
2021 年 9 月于南苑

目 录

"猎头顾问成长记Ⅰ" 系列故事背景及相关资料说明 ……………………… (1)
    一、故事背景介绍 …………………………………………………… (1)
    二、故事人物介绍 …………………………………………………… (2)
"猎头顾问成长记Ⅰ" 系列故事索引 ………………………………………… (3)
模块一 猎头顾问自我管理 ……………………………………………… (4)
    实训项目1 猎头顾问的人才画像 ……………………………… (6)
    实训项目2 猎头顾问的生涯管理 ……………………………… (15)
    实训项目3 猎头顾问的情绪管理 ……………………………… (24)
模块二 企业客户开拓 …………………………………………………… (30)
    实训项目4 企业客户的识别 …………………………………… (32)
    实训项目5 企业客户开拓技巧 ………………………………… (42)
    实训项目6 企业客户需求分析 ………………………………… (55)
    实训项目7 客户关系管理 ……………………………………… (63)
模块三 谈判签约 ………………………………………………………… (72)
    实训项目8 谈判准备 …………………………………………… (74)
    实训项目9 谈判沟通 …………………………………………… (81)
    实训项目10 合同拟定及签约 …………………………………… (91)
    附件：常见猎头服务合同模板 ……………………………………… (95)
模块四 项目管理 ………………………………………………………… (101)
    实训项目11 项目立项 …………………………………………… (104)
    实训项目12 项目跟进 …………………………………………… (115)
    实训项目13 项目交付 …………………………………………… (121)
模块五 寻访与甄选 ……………………………………………………… (127)
    实训项目14 制订寻访方案 ……………………………………… (130)
    实训项目15 有效开展寻访工作 ………………………………… (138)
    实训项目16 初步筛选简历 ……………………………………… (147)
    附件1：人才候选人简历——陆丹尼（Daniel）……………………… (149)
    附件2：人才候选人简历——钟莉莉（Lily）………………………… (152)

模块六 面试评估及匹配 ……………………………………………（161）
  实训项目17 面试技巧 …………………………………………（164）
  实训项目18 面试准备 …………………………………………（183）
  实训项目19 面试及跟进 ………………………………………（189）

模块七 候选人的推荐、背景调查，客户面试及聘用 …………（197）
  实训项目20 候选人推荐 ………………………………………（200）
  实训项目21 客户面试及协调 …………………………………（211）
  实训项目22 候选人薪酬洽谈 …………………………………（217）
  实训项目23 候选人背景调查 …………………………………（224）

模块八 候选人离职、入职管理 …………………………………（230）
  实训项目24 候选人离职管理 …………………………………（232）
  实训项目25 候选人入职管理 …………………………………（237）

附 录
  一、课程报告模板 …………………………………………………（244）
  二、课程期末报告作业要求 ………………………………………（258）
  三、课程报告成绩评定记录 ………………………………………（259）
  四、课程评分体系与标准 …………………………………………（260）

教师教学服务说明 ……………………………………………………（261）
后 记 ………………………………………………………………（262）

"猎头顾问成长记Ⅰ"系列故事背景及相关资料说明

一、故事背景介绍

大家好，我叫路彬彬（Rubin），是广州南方学院人力资源管理系人力资源管理专业大二的学生，刚入学时，因机缘巧合，我加入了本校猎头研究与培训中心学生助理团队。

我性格活泼，喜欢与人打交道，有主见，善于思考问题。由于在猎头研究与培训中心做学生助理的缘故，我经常和团队成员一起协助组织相关活动，因而对猎头、猎头公司、猎头行业有了一定的接触和了解。

大二第一学期，人力资源管理系举行了专业方向的宣讲会，宣讲会结束后，我做完测评，终于如愿地选择了自己好奇且渴望尝试的专业方向——人力资源管理专业现代猎头方向。

广州南方学院和猎头研究与培训中心搭建了一系列的校企合作平台，其中就有现代猎头方向的人才定制培养班，定制班的学员来自全校各个专业，可以利用业余时间完成定制企业系列课程的学习及相应的实习活动。

我的企业导师兼项目主管李依可（Leo），是××人力资源服务有限公司的猎头顾问，专注IT、母婴行业。接下来，李依可（Leo）导师将带领我们这些"小白"一起完成一个完整的人才寻访、人才配置项目。

在此实务实训中，我们将跟随李依可（Leo）导师等团队成员的脚步一起经历八个实务实训模块，分别是猎头顾问自我管理，企业客户开拓，谈判签约，项目管理，寻访与甄选，面试评估及匹配，候选人的推荐、背景调查、客户面试及聘用，候选人离职、入职管理。另外，××人力资源服务有限公司和××集团及其下属公司是本教程的主要职业场景，本教程将通过"行业、企业、岗位"三位一体的方式对这些职场场景进行串联，以期通过"模块内容+职业场景+现场点评"的实务实训模式，为各位同学成为一名初级猎头顾问奠定基础。

在《现代猎头实务实训教程（中级）》一书中，将重点分享我在大学毕业后1~3年的猎头顾问生涯中跌宕起伏的职场故事，以及在上述八个模块中的点滴感悟、对细分行业的深挖经历、具体岗位的体会心得，以引导众多大学生在实务实训的同时,也让他们感受现实工作中猎头顾问的立体职场经历,以提前进行职场探索与思考。

二、故事人物介绍

故事人物

序号	人物名称	人物角色说明
1	路彬彬（Rubin）	广州南方学院人力资源管理专业现代猎头方向学生,校企合作项目参与者,某猎头公司实习生
2	李依可（Leo）	××人力资源服务有限公司猎头顾问、项目主管,专注IT、母婴行业
3	林娜娜（Linda）	××人力资源服务有限公司猎头顾问,专注IT、母婴行业
4	戴伟铭（David）	××人力资源服务有限公司猎头顾问,专注IT、机器人行业
5	吕莎莎（Lisa）	××人力资源服务有限公司猎头顾问,专注IT、母婴行业
6	钟莉莉（Lily）	×集团（母婴用品）下属A公司,人力资源招聘专员
7	艾 薇（Ivy）	×集团（母婴用品）下属A公司,人力资源经理
8	王 颖（Wing）	×集团（母婴用品）下属B公司,人力资源经理
9	刘星雨（Jessica）	×集团（母婴用品）下属C公司,招聘主管
10	马 克（Mark）	×集团（母婴用品）下属C公司,供应链副总裁
11	朱 蕾（Grace）	×集团（母婴用品）总部招聘主管
12	陆丹尼（Daniel）	候选人,香港GJ集团香港分公司供应链总经理
13	晏 妮（Annie）	候选人,好滋味（中国）投资公司高级采购经理
14	刘 炜（Cathy）	候选人,全××（中国）日用品有限公司法务部经理
15	丁瑞明（Jeremy）	候选人,××合（中国）投资有限公司法务部负责人
16	李 强（John）	候选人,白××健康集团有限公司高级法务经理
17	张文生（Johnson）	候选人,中国LT通信有限公司人力资源副总监
18	艾撒贝（Isabel）	候选人,即将入职×集团B公司HT品牌电商总监
19	姚幼英（Yoyo）	××智能设备科技有限公司招聘经理

"猎头顾问成长记Ⅰ"系列故事索引

（1）路彬彬的猎头顾问画像
（2）路彬彬的猎头生涯规划
（3）如何面对情绪小怪兽
（4）选择比努力更重要——客户识别
（5）台上一分钟，台下十年功
（6）雪中送炭，还是锦上添花
（7）有了新朋友，不忘老朋友
（8）知己知彼，谈判自如
（9）为谈判沟通加点料
（10）合同签订"坑"多多
（11）找对队友：立项目、建团队
（12）项目跟进：过程管理、目标量化
（13）结果为王——你的项目交付了吗
（14）八仙过海，各显神通——制订寻访方案
（15）我们的寻才之旅——候选人寻访
（16）放大镜下的个人故事——简历筛选
（17）知人、知面，也知心——面试技巧
（18）我和候选人的第一次见面
（19）面试管理——面试及跟进
（20）毛遂自荐？不，路彬彬的候选人推荐
（21）不是东道主的东道主——客户面试协调
（22）难离人间烟火——候选人的薪酬磋商
（23）当一回猎场侦探——候选人的背景调查
（24）怎么办？我的候选人被挽留了
（25）空降兵的心事——候选人的入职管理
尾声：是结束，也是开始——进阶之旅的开始

模块一 猎头顾问自我管理

【模块框架】

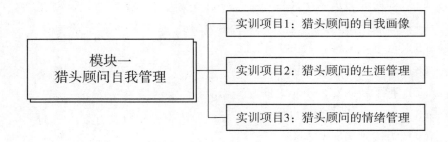

【模块目标】

- （1）熟悉目标客户群体，掌握客户动态变化需求的能力。
- （2）熟悉目标候选人群体，掌握候选人动态变化需求的能力。
- （3）能够精准地匹配候选人与客户的动态变化需求的能力。

"猎头顾问成长记Ⅰ"系列（1）

路彬彬的猎头顾问画像

时光飞逝，为期四个月的"现代猎头原理与案例"课程结束了，我也对现代猎头、猎头公司、猎头行业的相关内容有了更深入的了解。

那年的春天，在"现代猎头实务实训（初级）"课程的第一堂课上，职业导师李依可（Leo）就让人力资源管理专业现代猎头方向的同学们描绘"我的猎头顾问画像"。

我陷入了沉思。选择了现代猎头方向之后我才知道，每一个猎头顾问都不可能是全能型人才，在规划职业生涯之前，自己必须有一个明确、清晰的定位：到底该怎么构思自己的顾问画像？自己的性格特征是什么？自己又喜欢哪些行业？

在李依可（Leo）导师的指导下，我开始根据"通用素质＋加分性格＋行业赋能"构思自己的人才画像（见如表1-1）。

表1-1 我的猎头顾问画像

通用素质	加分性格	行业赋能
1. 有一定的任职经历	1. 性格坚韧	1. 具有专注的领域
2. 有一定的行业背景	2. 聪明灵活	2. 信息搜集能力强
3. 丰富的人脉关系	3. 学习能力强	3. 具有行业跨界能力
4. 强大的寻访能力	4. 记忆力强	4. 具有咨询与诊断能力
5. 准确的判断能力	5. 责任心强	5. 具有文案撰写能力
6. 超强的抗压能力	6. 勤奋努力	6. 办公自动化操作熟练
7. 良好的沟通能力	7. 思虑周详，执行到位	7. 具有强健的体魄
8. 立体的专业知识	8. 具有人文关怀	8. 有汽车驾驶证，能独立驾驶
9. 良好的外语水平	9. 具有顾问气质（解决问题）	

猎头顾问画像虽然已经画好了，但我知道，自己的猎头顾问生涯才刚刚开始，还有很多的新内容需要掌握并熟练应用。

实训项目1 猎头顾问的人才画像

> 在职业生涯规划中，弄清楚"我是谁？我想做什么？我能做什么？环境或条件允许我做什么？我最终要去向哪里"等问题至关重要，猎头顾问的生涯规划中亦如此。
>
> ——编者

一、实训目标

本实训项目的展开主要是要弄清楚"我是谁"以及"我具有哪些核心竞争力"这两个问题。具体可以从以下三个方面思考：

（1）了解猎头顾问画像中岗位胜任力的通用要素，理解其培养路径和方法。

（2）熟悉猎头顾问画像中所需的性格特征，理解性格赋能的逻辑。

（3）熟悉猎头顾问画像中行业赋能的内容，理解其养成路径和方法。

二、实训加油站

根据未来猎头行业的发展趋势（竞争日趋激烈、猎头公司发展模式多元化、搜索技巧日益公开、企业客户对猎头公司及其顾问的要求日益提高等），猎头顾问的职业发展逐渐朝专业细分方向演进，猎头顾问必须具备洞察企业客户、洞悉候选人的能力，以及将企业客户和人才候选人二者进行匹配的能力。

每个猎头公司的猎头顾问的分工都有所不同，角色也各异。无论哪个岗位，具备良好的职业素养都是成为一名优秀的客户开拓或商务拓展（business development，BD）顾问的基础，在客户开拓或商务拓展的过程中，要将提升职业素养贯串整个猎头顾问的职业生涯。

猎头公司业务开展的形式各有差异，有部分猎头公司是以整套猎头业务流程来运行的，即猎头顾问从客户开拓到最后交付都是由个人或者小团队完成；而以深圳展动力人才集团为代表的具有一定规模且布局相对完整的猎头公司，对内部业务流程的拆分就会相对较细，由独立的开拓客户或商务拓展的部门和人员来支撑猎头公司的战略规划发展。除了本教程介绍的几大模块之外，在公司正常的运行中，开拓客户或商务拓展的部门或人员还会为猎头公司提供公司业务所需要的各类信息报表，以及更加广泛、无特定方向地收集对应客户的所有有价值的信息。

参考猎头顾问的整个业务流程，我们提炼了猎头顾问的核心素养。根据业界经验及相关研究成果，我们发现，不同类型、不同层次的猎头公司均要求猎头顾问具备这些核心素养。

现代猎头顾问的基本职业素养是制约其发展上限的主要因素，个人品牌（名片）的打造决定了猎头顾问在其职业生涯阶段的人脉资源积累。优秀的猎头顾问需要具备以下基本素养。

（一）良好的心理素质

这里的说的心理素质，主要强调要具备超强的忍耐力和抗压能力。凡是猎头顾问所寻猎（寻访候选人）的职位，都是客户不易找到的人才，寻找起来是有相当难度的，这就要求猎头顾问必须有超强的抗压能力和忍耐能力，才能在遭受挫折时坚持下去。

另外，猎头顾问对企业客户和人才候选人的匹配工作，是一种猎头公司行为，涉及业绩指标（key performance indicator，KPI）和工作任务，具有业绩压力。同时，猎头顾问还要面对企业客户和人才候选人的各种要求，存在变数，有时可能忙活了一个月都无法产生业绩。

（二）较强的学习能力

任何顾问型的职业，无论是咨询顾问还是猎头顾问，都要求有较强的学习能力（即学习力）。学习力代表着竞争力，是一个人毅力和能力的综合体现。学习力是把知识资源转化为知识资本的能力，包含了所学知识的总量（即个人学习内容的宽广程度）和所学知识的质量，学习者的综合素质、学习效率和学习品质，还包含他的学习流量，即学习的速度以及吸纳和扩充知识的能力。

（三）精准的判断能力

准确的判断能力和良好的分析、沟通、说服、协调能力，是对猎头顾问的基本要求。猎头顾问不仅要眼力好，而且要能像咨询师一样完成分析、构图、说服、协调等工作。

猎头顾问只有具备了敏锐的感知能力和准确的判断能力，才能精准洞察各行各业客户的企业文化、客户职位人才的硬性需求和软性需求、企业高管（掌权人物）的行事风格和用人风格，这是猎头顾问寻访人、甄选人、匹配人（猎头顾问的部分核心工作）的前提。

猎头顾问精准的判断能力不仅对企业客户来说是重要的，对人才候选人来说也是非常重要的。精准的判断力，有助于猎头顾问洞察客户和人才候选人的为人处世和行事风格，从而更好地了解人才候选人与企业客户的匹配度。因此，准备从事该行业的猎头顾问，需要坚持训练，不断锻炼自己"眼观六路、耳听八方"的能力，提高自身的感知能力和判断能力。

（四）极大的耐心

在面对客户方时，猎头顾问需要明白的是，企业在寻找招聘服务机构时往往是"鸡蛋里挑骨头"，因此，他需要有足够的耐心去应对客户的挑剔。另外，在此过程中，猎头顾问也要挖掘那些招聘需求不是很旺盛的企业，开发其岗位招聘的新需求。

事实表明，相当一部分的客户资源都是猎头顾问在长期开发中不断累积的。猎头顾问所代表的公司形象及其自身能力，是在经历一段时间的客户开拓或商务拓展后，随着在业界的影响力逐步提升而积累的。

（五）优秀的语言和行为技巧

善于表达和沟通的人在很多领域都很吃香，需要做大量人际沟通工作的猎头顾问也不例外。如果猎头顾问善于捕获客户言语中潜在的信息（弦外之音），并辅以个人的专业判断与分析，就能创造成功的契机。比如，当对方说"我们最近招聘效果不佳"时，你需要敏锐地解读出对方希望"能高效地招聘急需的人才"的潜在需求。

然而，猎头顾问仅仅察觉对方的"弦外之音"是远远不够的，还需要通过行为技巧影响对方。比如，能够如数家珍般地把自己或公司同事所做的优秀招聘案例通过言简意赅的方式告知对方。或者，当企业方介绍完自己的招聘困境时，猎头顾问能够在恰当的时机给对方递上其所需要的候选人简历。这些优秀的行为技巧均需要猎头顾问用心训练，长期实践，变成自己工作的本能。

（六）对客户情绪的把握

猎头顾问在前期对接客户时，大多采用非面谈形式，基本上通过电话或网络进行沟通，这就需要猎头顾问更加细致地去感知客户的情绪。

如果猎头顾问能够先调节好客户的情绪，接下来再沟通需要解决的问题，则会使得沟通的效率大大提升。

另外，猎头顾问要做好客户信息记录，认真梳理和归纳每一次的沟通内容，这样就可以避免重复沟通或无效的对话，这也是猎头顾问专业素养的体现。

（七）良好的互动能力

在对接中，尤其忌讳一方"独唱"。一旦出现"独唱"的情况，就需要猎头顾问有足够的耐心和高超的沟通技巧。为了完成项目合作，猎头顾问需要换位思考和有效地倾听，在沟通中不断寻求成功合作的机会。

【温馨提示】

猎头顾问所要具备的能力和专业知识综合且全面，不限于上述所列，请各位同学在实训环节使用头脑风暴的方式继续补充、丰富和完善其他内容，让自己的猎头顾问人才画像更加立体、丰满。

教师和学生在实训时，也可以把人才画像内容扩展到职场人士的成功素质上。比如，业绩突破百万元的猎头顾问、优秀的企业咨询顾问、业绩卓越的销售高手等，都有很多优秀的品质，这些都是猎头顾问人才画像要素的来源。

三、实训内容、实训方式、实训步骤及实训要求

（一）实训内容

（1）作为人力资源管理专业现代猎头方向的大四学生，请你根据行业定位、领域（职能）定位，描绘属于自己的独特画像，用以指导将来猎头顾问

成长之旅的学习、职业发展。

（2）通过了解猎头顾问流程（如图1-1所示），结合多种途径（互联网搜索、实地采访猎头顾问、线上连线猎头公司高管等），构思所在小组讨论之后的猎头顾问画像，并讨论如何在猎头业务流程中培养猎头顾问的优秀素养。

图1-1　猎头顾问业务流程

（资料来源：https://thumb.yellowurl.cn/201609/07/014719960.gif）

（二）实训方式

头脑风暴、互联网搜索、榜样故事阅读、性格解剖。

（三）实训步骤

（1）分组并进行头脑风暴，讨论一名优秀猎头顾问的职业成长路径，以及在职业发展过程中所需要的素质、能力。

（2）选出每组的组长，讨论并确定每组的组名和口号。

（3）汇总优秀猎头顾问职业素养的养成方法或路径。

（4）由组长或指定组员分享头脑风暴的成果，并阐明该成果的依据。

（四）实训要求

（1）在限定的时间内完成头脑风暴目标内容，并与本组组员达成共识。

（2）讨论结束后，由组长或指定组员分享本组头脑风暴的成果，并阐明该成果的依据。

四、实训时间及成绩评定

（一）实训时间

建议本项目的实训时间为 2 个课时。

（二）实训成绩评定

（1）对组员在规定时间内头脑风暴的成果进行评估。

（2）对组员汇总的优秀猎头顾问职业素养的养成方法或路径的数量以及有效性和可行性进行评估。

【实训项目1：我的复盘】

我的实训项目复盘

模块一　猎头顾问自我管理

"猎头顾问成长记Ⅰ"系列（2）

路彬彬的猎头生涯规划

虽然我现在还只是一名大三的学生，却对猎头顾问的职业满怀憧憬。我在想，如果我准备在猎头行业扎根，到底该如何规划自己的职业发展路线呢？

我回忆了"人力资源管理"课程中所学的"职业生涯管理"内容，里面非常详细地介绍了职业发展阶段论（职业探索阶段、立业与发展阶段、职业维持阶段、职业衰退阶段）、职业锚理论（技术型、管理型、创新型、独立型、安全型）、个性与职业的匹配（兴趣与职业的匹配、能力与职业的匹配、性格与职业的匹配）。

通过对上述章节理论的学习以及对个人职业生涯管理理论的学习，我了解到有效的个人职业生涯管理需要完成自我评估、环境评估、职业定位、设定职业目标、设计职业生涯行动方案、评估与反馈等内容。

目前，我需要做的就是做好自我评估及设定职业目标。

通过参与诸多猎头公司及人力资源公司的宣讲会、招聘会，我了解到招聘专员/猎头顾问的主要晋升路径（如图 1-2 所示）。

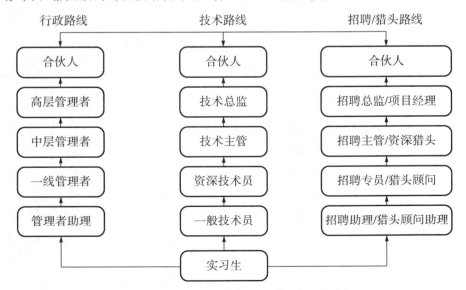

图 1-2　招聘专员/猎头顾问的主要晋升路径

经过对猎头顾问晋升路径的一番深入了解，我决定在大四时直接从众多宣讲会企业中筛选一家猎头公司，从实习生做起。鉴于自己学的是人力资源管理专业，以后朝招聘及猎头专业路线精进会比较匹配。

实训项目 2　猎头顾问的生涯管理

一个人若是看不到未来，就掌握不了现在；一个人若是掌握不了现在，就看不到未来。立足现在，胸怀未来。

——金树人

金树人：《生涯咨询与辅导》，序言，高等教育出版社 2007 年版

一、实训目标

（1）明确猎头顾问的职业发展道路（成长路径）。
（2）熟悉各阶段猎头顾问需要积累的相关知识和专业归属。
（3）熟练地设计个人猎头顾问的职场成长规划。
（4）了解猎头顾问的综合收益和心理归属。

二、实训加油站

正如《猎头》一书的作者王洪浩所说，猎头也许未必值得干一辈子，但肯定值得干一阵子；不管将来要干什么，业绩永远是第一位的。

无论我们在猎头行业是干一阵子，还是干一辈子，都应该对猎头顾问的职业晋升及发展路径、猎头顾问应具备的素养等有一个清晰的了解，以便我们可以更好地开展规划和行动。

（一）猎头顾问所需素养

在猎头顾问的工作中，我们往往扮演着职业发展顾问或者专家的角色，可以给候选人分析行业和公司的发展现状与前景，甚至可以给候选人提供其所期望的岗位。但是，当面对自身的职业发展时，非常具有讽刺意味的是，我们却要面临着无人解答困惑的窘境。

随着时代的发展与企业业务细分对专业的需求，第三方人力资源服务（区别于甲方的人员招聘与配置）便产生了，猎头服务就是其中之一。在实践中，每一位猎头顾问的发展都会受到其所在公司的业务形式、规模以及个人性格的影响或限制。一般来说，猎头顾问如果选择进入猎头公司，可以有管理层、业务层、猎头公司的人力岗三种选择。（如图 1-3 所示）

如果想一直从事猎头顾问职业，则需要思考"怎么样才能让自己在这个行业中越老越值钱"这一问题。

现实生活中，很多猎头顾问无法做到越老越有竞争力的原因，主要是他们在业务中都是采用 RS（reactive search）模式，即按照客户需求进行反应性搜寻的模式，而非 PS（proactive specialization）模式，即主动专注、拥有自身专业领域的模式。

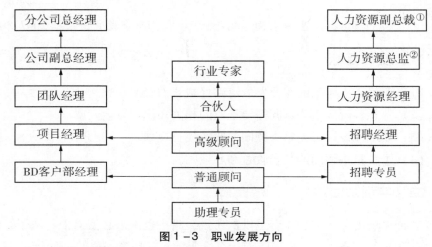

图 1-3　职业发展方向

（资料来源：深圳展动力人才集团员工职业发展路径图）

PS 模式是相对 RS 模式而言的，proactive（主动）是指"从等待客户有需求向顾问下单，转变为预判客户需求并向客户要单"，从"被动地根据客户需求去做候选人搜寻"到"主动向客户推销有潜在需求的候选人"。specialization（专注）是指猎头顾问按照 function（职能）、industry（行业）、location（地域）、level（级别）等多个维度对自己发展的领域精准定位，只在自己的专业领域内为客户提供服务，而非"只要客户有要求，就什么人都去搜寻"。

---

① 人力资源副总裁（human resource vice president，HRVP）属于高层管理岗位，直接向总裁汇报工作，往往是一些大型的公司或者人力资源体系比较健全和完善的公司才会设置的岗位。这个岗位的设置意味着公司人力资源的定位从原本孤立的某个支持、执行类部门上升到具有战略高度的部门。

② 人力资源总监（human resource director，HRD）属于高层管理岗位，是首席执行官的战略伙伴、核心决策层的重要成员。

客户的招聘需求与候选人对机会的需求是不断变化的动态过程，猎头顾问只有在合适的时点上让"客户"与"候选人"这两个动态变化的需求轨迹形成交集才能成单。从这个角度来看，猎头顾问的核心能力可界定为三个方面：掌握客户动态变化需求的能力，掌握候选人动态变化需求的能力，匹配候选人与客户动态变化需求的能力。

（二）猎头顾问的职业晋升路径

每个猎头公司的人才培养模式都不同，但总体来说，猎头顾问的职业晋升路径均如图1-4所示。

图1-4　猎头顾问的职业晋升路径

（三）猎头顾问猎聘步骤及所需知识

关于猎头顾问的猎聘步骤及所需知识，我们以表格的形式逐一列出（见表1-2）。

表1-2　猎头顾问猎聘步骤及所需知识、学科来源

模块	步　骤	所需知识	学科来源
需求分析	1. 获取完整职位需求	（1）岗位需求分析及确认技巧 （2）高管、部门主管职位描述撰写 （3）招聘计划及招聘预算的制订	（1）企业管理 （2）人力资源管理
搜选人才	2. 制定搜选策略	（1）企业内部人才推荐机制的建立 （2）招聘渠道的有效选择和管理 （3）猎头供应商体系的筛选与管理 （4）有吸引力的招聘广告的撰写	（1）人力资源管理 （2）市场营销

续上表

模 块	步 骤	所需知识	学科来源
搜选人才	3. 搜选候选人	(1) 社会化媒体招聘 (2) 国际人才、异地人才寻访 (3) 校园招聘体系的建立与维护	(1) 人力资源管理 (2) 市场营销
人才评估	4. 与候选人沟通	(1) 雇主品牌的建立与维护 (2) 如何吸引高端人才	(1) 人力资源管理 (2) 市场营销
	5. 初步评估候选人	(1) 测评工具在招聘中的使用 (2) 电话面试及建立筛选技巧	(1) 人力资源管理 (2) 市场营销 (3) 心理学
	6. 面试	人力资源面试技能训练	人力资源管理
	7. 人才背景调查	真实人才背景调查	(1) 人力资源管理 (2) 心理学
	8. 准备候选人的推荐报告资料	人才库的高效搭建与管理	信息系统管理
	9. 推荐候选人给客户	人才推荐报告的撰写	公文写作
	10. 客户面试候选人一面/二面/三面	部门经理面试技巧	人力资源管理
面试反馈与薪资谈判	11. 沟通面试后候选人/客户反馈	(1) 吸引和留住高端人才 (2) 人才录用谈判技巧	人力资源管理
	12. 薪资谈判		(1) 人力资源管理 (2) 心理学

续上表

模块	步骤	所需知识	学科来源
入职管理	13. 跟着候选人辞职 14. 跟着候选人入职 15. 寻猎项目尾款结算	（1）候选人入职及面试辅导 （2）招聘中的法律风险规避	（1）人力资源管理 （2）法学
跟踪管理	16. 试用期内跟踪辅导		

三、实训内容、实训方式、实训步骤及实训要求

（一）实训内容

假设你现在是大三（或大四）的学生，将来准备从事招聘或者高级人才寻访（猎头）服务业，请以短期（1年）、中期（3～5年）、长期（5年以上）的时间段为主轴线，描绘自己的职业生涯计划，需要有具体的行动方案做支撑。

（二）实训方式

头脑风暴、互联网搜索、生涯规划模拟。

（三）实训步骤

（1）根据猎头顾问自我画像中的行业定位、公司平台定位确定择业方向，分组并进行头脑风暴，找出成为 PS 模式猎头顾问的方法。

（2）按照短期、中期、长期三个阶段绘制个人的《猎头顾问职业生涯书》，总结出成为 RS 模式猎头顾问的养成方法或路径。

（3）完成之后，由组长或组员轮流分享头脑风暴的成果，并阐明其依据。

（4）分享完毕，由教师及其他组员对所分享的生涯书进行点评、总结。

（四）实训要求

（1）能够结合自己的兴趣、优点进行职业生涯规划，其中包含短期、中期、长期三个阶段以及行业、公司平台特点分析等内容。

（2）所制作的《猎头顾问职业生涯书》符合文书设计的基本规范（如美观、简洁、有深度、接地气等）。

四、实训时间及成绩评定

（一）实训时间

建议本项目的实训时间为2个课时。

（二）实训成绩评定

（1）对组员在规定时间内头脑风暴的成果进行评估。

（2）对组员所绘制的个人猎头顾问职业生涯规划书进行评估，主要包括内容的完整性、有效性、可行性和规划书的美观度。

【实训项目2：我的复盘】

我的实训项目复盘

"猎头顾问成长记Ⅰ"系列（3）

如何面对情绪小怪兽

当我开始选择猎头顾问这个职业时，我就想起了李依可（Leo）导师曾经说的需要与形形色色的人打交道。

李依可（leo）导师当时说的一大段话是："俗话说，有人的地方就有江湖，有江湖的地方就有利益纷争。这些江湖中的利益纷争，毫无疑问就会产生许多复杂的人际关系。这些复杂的人际关系，可能来自客户的人力资源经理、业务领导，也可能来自候选人，甚至来自自己所在的公司。这些人际关系，可能让人愉快，比如团队合作、成功匹配了客户与候选人，这是一个皆大欢喜的结局。然而，现实并不一定会那么理想，也有可能是郁闷无比的结果，比如候选人拒单了、客户赖账了、客户人力资源经理以及业务经理挑刺了。"

想到这些场景，我的内心其实是很忐忑的。虽然大学期间我当过班长，加入过学生会，也和一些"搭便车"、不靠谱的同学组队做过案例分析，品尝过愤怒、郁闷、沮丧、无奈、失落、迷茫、无辜，但那毕竟是在学校，人际关系相对单纯。

想象着如果到了社会这个大熔炉，要面对诸多形形色色的人和事，我内心浮现了无数个"怎么办"。

◇ 要是我在打陌生拜访电话①时总是被拒绝，到最后根本没勇气再拨打电话了，该怎么办？

◇ 每个猎头公司都有业绩要求，公司的新同事业绩飞升，而我却业绩平平，内心"压力山大"，该怎么办？

◇ 候选人个个都是职场"老司机"，我这样的新手猎头顾问和他们对接，如果他们质疑我的专业性，这时我该怎么办？

……

面对我的诸多"怎么办"，李依可（Leo）导师给我支着，建议我从精

---

① 陌生拜访电话，简称陌拜，英文为 cold call，一般指未经预约、通过电话主动联系完全陌生的潜在目标对象。

神和身体层面，努力开辟自己的蔽骨①，从而提升自己职场心理抗压能力；从行动层面，多行动，行万里路，阅人无数，能开拓自己的视野，提升自己的格局。

---

① 徐文兵在其著作《字里藏医》中认为，蔽骨是用来遮蔽、隐蔽、保护心气心神的，中医把心口窝看作心气心神汇聚的地方。那么，有蔽骨的人就如同有了护心镜，心理素质就好，不容易被外界琐事悲情干扰。相反，没有蔽骨的人就比较脆弱、敏感，容易受外界干扰，要么频频受伤害，要么离群索居、孤芳自赏。

实训项目3　猎头顾问的情绪管理

每一种情绪都是心灵的信使。拨开情绪的迷雾，聆听情绪背后的信息，开启内在的智慧，做成熟、淡定、内在安稳的自己。

——张维扬

张维扬：《情绪，请开门》，序言，人民邮电出版社2021年版

一、实训目标

1. 明确猎头顾问岗位的挑战及压力。
2. 熟悉猎头顾问常见的情绪管理方法。

二、实训加油站

猎头岗位本身是一个业务岗位，但是又和一般业务销售岗位有本质的区别。猎头对接的是两方：一方是企业，企业有人力资源的需求；另一方是候选人，候选人本身作为人力资源，又有个人职业发展价值再创造的期望。而猎头顾问既是企业需求的满足者，又是部分候选人的职业发展顾问，双方的需求和期望的匹配对接就是猎头顾问的工作。

在这个竞争激烈的时代，每一个行业都有其难处，工作中的不良情绪也都广泛存在。猎头顾问属于为人服务的猎头行业，接触的形形色色的人相对更多，加上本身也有工作和业务压力，大多数时候，不良情绪产生的土壤会更加肥沃。当我们面对不良情绪时，一般可以通过以下几点进行调节。

（一）学会分析

出现愤怒或者忧伤这种情况，往往是当事人缺乏对源头的本质分析、没能透过现象看本质所造成的。这就是为什么许多人在上司对其提出批评意见时，第一反应往往是不服气、愤怒甚至是忧伤。但一旦经过深入分析，却会发现上司的批评意见非常客观，上司的出发点也是善意的，是有利于帮助自己的，于是便开始懊悔自己当初的情绪失控。

因此，在遇到让我们情绪波动的事情时，首先要学会客观地分析，而不是将愤恨、愤怒等情绪向对方发泄。

由此可见，学会分析事情的本质，有利于我们提高情绪控制能力。

（二）学会心理暗示

心理暗示是指人接受外界或他人的愿望、观念、情绪、判断、态度影响的心理特点，它分为积极的心理暗示和消极的心理暗示，前者是人们日常生活中比较常见的心理现象。那么，怎样才能学会积极的心理暗示呢？一是要选择能调适自己不良情绪的最佳语言，二是要经常运用积极的心理暗示的语言，通过发挥其耳濡目染的作用，以影响并支配自己的思维方式和行为方式，增强情绪的控制能力。比如，可以写一些有"制怒"之类字样的便利贴，贴在自己的办公桌，不时地看看这些字样，可以在一定程度上起到控制发怒情绪的作用。

（三）换位思考

当我们出现不良情绪时，要学会换位思考。事实上，在大部分情况下，不良情绪都是我们站在自己的立场上考虑问题而导致的。每个人都有自己的立场，站在不同的角度，也许对同一件事情会有不同的看法。任何时候，我们都一定要牢记一句话："己所不欲，勿施于人"，不要拿自己做不到的事情去要求别人做到。

（四）优化心智模式

心智模式（mental model）是苏格兰心理学家肯尼思·克雷克（Kenneth Craik）在1943年首次提出的。彼得·圣吉将其定义为：根深蒂固地存在于人们心中，影响人们如何理解这个世界（包括我们自己、他人、组织和整个世界），以及如何采取行动的诸多假设、成见、逻辑、规则，甚至图像、印象等。如果把思维比作一部复杂的机器、人的行为是这部机器的输出的话，那么心智模式就是驱动这部机器的底层操作系统，它决定了我们的底层思维和底层逻辑，从而决定了我们的情绪和行为。

彼得·圣吉指出，改善心智模式的过程，从本质上是把镜子转向自己，试着看清楚自己的思考与行为是如何形成的，并尝试以"新眼睛"获得新的信息，以新的方式对其进行解读、思考和决策。

每个人的心智模式都是不一样的，如果我们觉得一件事情的发展不太符合自己的预期，我们要做的并不是让自己陷入一些糟糕的情绪之中，而是让自己尽快地适应这种变化。改变底层认知（即一个人理解和运用抽象概念的能力）并不是要我们改变我们的"三观"，而是要在巩固自己"三观"的基础上去适当地改变自己的其他认知，以使自己更好地在社会中生存。

三、实训内容、实训方式、实训步骤及实训要求

（一）实训内容

掌握猎头顾问情绪的管理方法。

（二）实训方式

头脑风暴、团队展示、小组点评、复盘总结。

（三）实训步骤

（1）分组并进行头脑风暴，找出在猎头工作中面对不同困难时而产生的不良情绪的管理方法。
（2）选出每组的组长，讨论并确定每组的组名和口号。
（3）汇总猎头顾问的不良情绪，并讨论缓解方法。
（4）由组长或组员分享头脑风暴的成果，并阐明该成果的依据。

（四）实训要求

（1）在限定的时间内完成头脑风暴目标内容，并与组员达成共识。
（2）在限定时间内由组长或组员分享头脑风暴的成果，并阐明该成果的依据。

四、实训时间及成绩评定

（一）实训时间

建议本项目的实训时间分配为 2 个课时。

（二）实训成绩评定

（1）对组员在规定时间内头脑风暴的成果进行评估。
（2）对组员汇总的缓解不良情绪的方法的有效性及可行性进行评估。

【实训项目3：我的复盘】

我的实训项目复盘

【模块总结】

　　本模块通过猎头顾问的自我画像、猎头顾问的生涯管理和猎头顾问的情绪管理三个项目的实训,以期让学生对是否合适成为猎头顾问、猎头顾问之路如何走及情绪调适有更全面、更深入的认识。

　　大部分人在青春时期都或多或少地有过迷茫,对将来的职业发展思路不甚清晰。为了避免走弯路,大学生们可以通过猎头顾问的人才测评、人才画像来深入了解自我。

　　如果选择了猎头这一行业,我们就需要清楚猎头顾问的职业发展路径,了解每个阶段需要达到的目标,争取在合适的年龄匹配相应的能力,实现心中所想。

　　凡是带"顾问"二字的职业,都有着极大的挑战,也都具有较大的压力,都不容易做。这就需要我们学会情绪管理,懂得调节心理压力,以更好地面对自己的工作。

【模块感悟】

我的模块实训感悟

模块二　企业客户开拓

【模块框架】

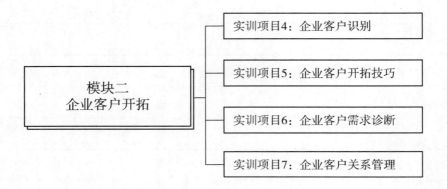

【模块目标】

➢（1）培养猎头顾问商务拓展（business development，BD）所需具备的能力。

➢（2）掌握客户开拓进展漏斗原理。

➢（3）了解客户开拓流程，深入了解客户的真实需求。

"猎头顾问成长记Ⅰ"系列（4）

选择比努力更重要——客户识别

一般在大三最后一个学期，学生要操心的事情很多，修学分、物色实习单位，甚至开始构思毕业论文，我常常能感觉到身边同学那淡淡的忧愁。

感谢广州南方学院实行的大学生成长导师制，我从大一开始就有了明确的生涯规划（包括学业生涯和职业生涯），而不用等到大三才来操心这些事。一波又一波的企业宣讲会，真是太给力了，尤其是人力资源管理专业现代猎头方向的同学，简直不要太幸福，来宣讲招聘应届生的企业比毕业生人数还多，大家再也不用为实习去何方而迷茫了。

在"现代猎头原理与案例"的课堂上，我听葆华老师讲过最多的话，就是"选择比努力更重要"。

为了让小伙伴们进一步理解"选择比努力更重要"这句话，葆华老师经常使用下面两个职业生涯规划的延伸案例。

其一，俗话说："男怕入错行，女怕嫁错郎。"21世纪男女平等的今天，女的也怕入错行，男的也怕娶错姑娘。葆华老师用目前离婚率日趋攀高、新生代（Y时代、Z时代）青年人频繁跳槽的案例对这句话的含意进行了阐释。

其二，"选对行业和平台，跟对领导和团队，才能做对事，成就事，从而实现自己的职场目标"。为了让小伙伴们更容易理解这句话，葆华老师也会分享我们的师兄、师姐以及他自己的亲身经历。

同理，我也认为客户识别跟上述两个案例所蕴含的道理是一样的——选择比努力更重要。于是，我从上市公司、外资500强、内资500强、行业的领军企业、有潜力的创业公司、国家政策倾斜的行业和企业开始进行筛选。

经过一番筛选和比较之后，我明确了自己的定位（专注领域）——互联网、金融、快速消费品（fast moving consumer goods，FMCG），并根据"现代猎头实务实训教程"的训练指导，开始进行资料收集工作，和小组团队成员优化行业信息收集表、客户信息收集表，以此来锁定目标企业客户。

通过完成行业信息收集表、客户信息收集表，我对自己所选择的行业及目标企业有了更深刻的了解，从猎头顾问的角度，对人企匹配、人岗匹配逐渐有了一点感觉。

实训项目 4　企业客户的识别

行业的细分、专业的深挖是一种趋势。大千世界，茫茫人海，我们需要有自己明确的定位，明确我们所服务的企业处于哪些行业，我们的服务如何赋能和增值。

——编者

一、实训目标

（1）学会如何在客户开发环节识别有效、优质的客户。
（2）清楚客户筛选、识别的基本知识框架，且能熟练进行操作，并能高效地收集客户资源。

二、实训加油站

（一）定位

艾·里斯和杰克·特劳特的《定位》一书被《财富》杂志评选为"史上百本最佳商业经典"第一名。该书提出了被称为"有史以来对美国营销影响最大的观念"——定位，改变了人类"满足需求"的旧有的营销观念，开创了"胜出竞争"的营销之道。该书阐述了"定位"观念的产生，剖析了"满足需求"无法赢得顾客的原因，给出了进入顾客心智以赢得选择的定位之道。

定位对猎头公司及猎头顾问同样重要。随着猎头行业的不断发展、行业竞争的日趋激烈，猎头公司在市场上呈现不同的业务定位。有的猎头公司走综合型发展之路，所涉及的行业广而全；有的猎头公司聚焦于某一个领域、某一个行业，从事自己特定的或者所擅长的业务。

无论是哪一种定位，行业的整体发展趋势都是分工的精细化、内容的专业化。这种趋势将使得资源相对薄弱、资本不够雄厚的猎头公司能够集中优势资源做好自己业务范围内的工作，并带给客户更好的满意度，让猎头顾问自身也有更好的价值创造体验感。比如，有些猎头公司可能把自己的业务定位于某一职能（如营销类岗位、品牌经理或者精算师），也有的猎头公司专注于酒店类人才的经营,还有的猎头公司专注于维护某一地区的客户及人才候选人。

作为猎头顾问或者商业开拓顾问,客户开拓的第一步便是根据猎头公司和顾问个人的定位,确定正确的客户开拓方向。

(二) 客户筛选

清晰定位客户所在的行业、职位方向之后,如何才能在偌大的市场中筛选出准客户? 本教程将与之相关的问题列举如下。

1. **客户来源**。
(1) 老客户合同续签。
(2) 转介绍。
(3) 客户主动上门。
(4) 主动地开发新客户。

2. **客户订单需求获取渠道**。
(1) 人才网站。
(2) 猎头公司网站。
(3) 企业网站。
(4) 客户介绍。
(5) 候选人介绍。
(6) 市场活动。
(7) 背景调查。
(8) 行业沙龙或招聘会。

3. **客户识别**。

(1) 收集客户信息,对客户进行背景调查。具体内容包括:① 调查目的。有助于了解目标开发客户,对客户的需求做出判断,找出客户的痛点,有利于顾问和客户之间的交流沟通,从而判断是否要与目标客户建立合作关系,进一步提高顾问的工作效率。② 调查内容。调查内容分为两个维度,一是行业资料收集(见表 2-1),了解目标客户所处行业的排名及实力,客户公司的竞争对手公司有哪些。二是目标客户资料的收集与分析(见表 2-2)。要了解目标客户业务类型或产品,公司规模及公司分布区域,营业规模或产能及发展规划,等等。③ 资料收集渠道。包括客户公司官网,搜索引擎,客户在职员工或已离职员工调研,客户竞争对手调研,等等。

表2-1 行业资料收集

项目	相关内容	有价值的问题	资料来源及搜索途径	局限性
行业定义	具体的行业定义或内容	行业内有何细分	—	—
行业内代表性企业	企业的数量以及排名,企业名称	排名的权威性如何？是否存在什么问题		
行业发展现状	行业主要的收入构成	结构是否合理		
	行业的盈利模式	行业的核心盈利点是什么？是否良性发展		
行业发展趋势	行业整体发展趋势	影响趋势的因素是什么		
	市场规模发展趋势	—		

备注：

1. 部分行业市场相对规模较小，可能存在一家或者几家垄断企业，这时企业方向对行业的定位和细分的实际参考意义更大。

2. 可以在收集表中增加龙头/垄断企业的发家历史，因为对应企业的人员往往是行业中最优秀的一批人，对龙头企业的详细调研，尤其是在公司发展、组织架构、业务形式、核心竞争力等方面的了解，也一定会在商务拓展沟通目标客户的过程之中具有信息的竞争力。

表2-2 目标客户资料收集与分析

客户资料	价值分析
公司名称	企业类型不同，所需人才的类型、特点有一些区别
公司简介	言简意赅，包含吸引人才的闪光点
公司地址	可能是吸引人才的地域因素
子公司分布	可能是吸引人才的地域因素
公司规模	可能是吸引人才的平台因素
主要产品/业务范围	可能是吸引人才的业务因素
营业额/生产能力	可能是吸引人才的财务因素
所属行业概况	可能是吸引人才的行业因素
企业组织结构	可能是吸引人才的组织、岗位因素

续上表

客户资料	价值分析
企业发展历程（具有重大影响的发展节点及相关事件）	可能是吸引人才的运营模式因素
发展战略	可能是吸引人才的发展战略因素
企业动态	企业的最新动态（变化方向）对人才是否有吸引力
企业待遇	可能是吸引人才的薪酬福利因素
企业文化	可能是吸引人才的企业文化因素
高层管理风格	可能是吸引人才的管理团队风格因素
竞争对手概述	（1）与竞争对手比较，己方的优劣势是什么 （2）是否有可能从竞争对手那里获得人才来源
利好消息	有助于吸引人才加入的利好消息或新闻
负面新闻	会影响雇主品牌的负面消息或新闻
搜索方式及工具	具体的网址、页面、工具名称
小组总结	通过对该企业的详细剖析，得出与该企业能否合作、合作的一些原因，并进行总结阐述

4. 筛选原则。

（1）客户类型（见表2-3）。

表2-3 客户类型与内容

客户类型	主要内容
新领域的建立者	是指建立自己的品牌、延伸所在行业的发展边界、开拓一个全新的领域或者建设一种新事物的第一家企业
传统行业的创新者	是指打破传统行业经营生产思维定式、将传统行业与创新技术接轨或建立跨界营销模式的实践企业
传统行业的延续者	传统企业经过多年的深耕和沉淀，凭借核心技术和供应链壁垒，其产品及服务独具特色
行业领跑者	是指在一个行业是排头兵的角色、在所属行业内很有影响力、引领行业的发展趋势的企业
创新型公司	是指拥有自主知识产权的核心技术、知名品牌，具有良好的创新管理理念，整体技术水平在同行业居于先进地位，在市场竞争中具有优势和持续发展能力的企业

续上表

客户类型	主要内容
有潜力的创业型公司	是指处于创业阶段、高成长性与高风险性并存的创新开拓型企业，猎头顾问所关注的有潜力的创业公司，产品、技术或服务一旦在市场上获得成功，就会受到资本的青睐，企业可获得超常规成长

（2）预算。猎头顾问需要了解目标客户每年使用猎头的职位数量以及每年的猎头招聘费用预算，这个部分主要从客户的支付能力及客户是否有使用猎头的习惯着手。① 支付能力。猎头顾问需要了解企业实力如何，是否愿意支付定金，以及有没有支付猎头招聘费的能力。② 猎头使用习惯。猎头顾问需要了解目标客户有没有使用过猎头招聘服务、有没有支付猎头费的习惯。

（三）锁定目标客户

1. **目标客户判断标准**。需要符合哪些条件才有机会成为我们锁定的目标客户？凡是能成为猎头客户的公司，至少应具备以下两个特征。

（1）有真实的招聘需求。客户的招聘需求不一定要很大量，但要有一定的招聘难度，太容易招聘的岗位企业是不会轻易交给猎头招聘的；除了有需求，其需求本身一定要真实才有意义。什么是不真实的需求？比如，有的公司发布招聘广告可能并不是急于招人，而是在储备人才，你即使投了简历，也不会有面试邀约；有的企业对某块市场不是很熟悉，只是想通过面试来熟悉这块市场的候选人进而了解市场，或者探听竞争对手的现状，这时，即使有邀约面试，也并不是出于真实的需求。

（2）有用猎头的习惯。企业认可猎头的服务价值，这属于企业的消费观念问题。有的企业虽然存在真实的招聘需求，但不一定认可猎头服务的价值，他们会觉得猎头费用很高，认为给那么多钱招人还不如自己招。这种观念还没转变过来的公司，即使双方勉强合作，在未来的招聘过程中也肯定会有各种摩擦，甚至有些缺乏诚信的企业还会运用各种手段逃避支付猎头费。如果一家企业之前用过猎头，并有良好的合作记录，顺利地支付了猎头费用，那么这家企业就可以被锁定为商务拓展的目标。

2. 可能使用猎头服务的目标客户。

（1）上市公司。猎头服务确实是一项收费不低的高端服务，企业如果有足够高的营收，猎头服务所带来的成本就不会占运营成本太大的比例。上市公司一般都有一定的规模，因此，使用猎头服务的概率相对会高一些。

（2）外资500强企业。来自欧美的外资企业是国内最早使用猎头服务的一批优质客户，因为在欧美地区，使用猎头服务是一种很普遍的现象，即使进入中国，它们大多数会延续这个习惯，商务拓展这类公司，成功的概率也高一些。但要注意，并不是所有外资公司都喜欢使用猎头，一些非欧美的外资企业有时候还不及国内的优秀企业舍得花猎头费。

（3）行业的领军企业。行业内排名比较靠前的企业，其利润一般都在该行业占比较高，利润高的公司使用猎头的概率更高。因此，如果猎头顾问想开发某个新行业的话，可以先从这个行业排名前五位的公司的商务拓展切入。

（4）有潜力的创业公司。刚完成新一轮融资的创业公司，资本刚到位，接下来肯定是花钱招人大发展，使用猎头的概率也因此非常高。但要注意，一般需要使用猎头进行大规模招聘的是那些拿到A轮融资的创业公司。

（5）政策性照顾企业。猎头顾问需要时刻关注国家政策的变化，如新能源、人工智能、大数据等方面的政策，国家在战略实施伊始，一般会给予较大的政策倾斜、资金支持、税率优惠等，很多企业都会借此东风大力扩张、招兵买马。

3. 目标客户需求项目评估维度。具体包括：① 客户需求紧迫性。即职位的紧急程度如何。② 客户投入度。即是否愿意安排决策人与猎头顾问一起面谈职位需求。③ 客户需求真实性。即判断客户是希望通过猎头推荐完成同业信息调查，还是真的有招聘需求。④ 客户需求清晰度。即客户对职位的要求是否清晰。⑤ 客户需求合理性。即客户对职位的要求是否符合市场实际情况。⑥ 客户优势。即客户委托的职位所提供的薪资待遇是否具有竞争力。

三、实训内容、实训方式、实训步骤及实训要求

（一）实训一

1. **实训内容**。行业资料收集——小组讨论并确定感兴趣的行业。
2. **实训方式**。资料收集、头脑风暴、调查分析、资料梳理。
3. **实训步骤**。按照本教程实训加油站中的表格《行业资料收集》模板

（见表 2-1），完成相应内容的填写（表格的呈现方式可自行优化调整）。

4. **实训要求**。

（1）通过有效的搜索工具完成。

（2）提交完成的行业资料收集表，同时附上有效的搜索方式及使用工具。

（二）实训二

1. **实训内容**。企业客户资料收集——小组讨论并确定感兴趣的标杆企业，一般应是行业排名前五位的标杆企业。

2. **实训方式**。资料收集、头脑风暴、调查分析、资料梳理。

3. **实训步骤**。

（1）小组组长组织活动。按照本教程实训加油站中的表格《目标客户资料收集与分析》模板（见表 2-2），完成相关内容的填写（表格的呈现方式可自行优化调整）。

（2）小组成员分享展示。根据所收集的表格内容，组员分别分享关键内容或信息。

（3）小组成员总结分享。相互总结的内容主要包括行业分析、公司分析以及二者的内在联系、影响，未来的发展趋势，对猎头公司、猎头顾问业务开拓的影响。

（4）本部分实训时间安排。小组活动 2 课时；小组展示、总结分享环节：1 分钟导引，5 分钟精讲，2 分钟总结陈述。

4. **实训要求**。

（1）通过有效的搜索工具完成。

（2）提交完成的表格《目标客户资料收集与分析》。

（3）在提交表格的同时，附上有效的搜索方式及使用工具。

（三）实训三

1. **实训内容**。

你在一次人力资源论坛上认识了一家科技型企业的人力资源经理——王颖（Wing）。王颖（Wing）介绍说其所在的公司是一家创新型科技公司，老板有留美博士后背景，三年前回到中国创立了这家公司（公司简称"青科"），公司目前高速发展，对人才需求比较大，希望可以借助专业的猎头顾问帮助他们建立团队,并大体提到了公司需要招聘的岗位:一名人工智能(artificial intelligence,AI)多轮语译技术的负责人和三名算法工程师。

你了解以上信息后,感觉这是一家值得合作的公司,现在需要进一步确认这家公司是否真的如你的第一印象那样值得合作。

2. **实训方式**。小组讨论、资料分析、角色扮演、团队展示。

3. **实训步骤**。

(1)通过目标客户判断标准,判断青科是否值得合作。

(2)通过目标客户需求项目评估,评估项目的真实性及可操作性。

(3)给出是否值得合作的结论。

4. **实训要求**。

(1)在规定时间内完成角色扮演对话。

(2)通过角色扮演中获取的信息来判断青科是否为目标客户。

四、实训时间及成绩评定

(一)实训时间

建议本项目的实训时间为 8 个课时。

(二)实训成绩评定

1. 根据表格《行业资料收集》及《目标客户资料收集与分析》,评定信息收集的完整性及内容的有效性。

2. 通过青科客户判别案例,对"目标客户判断标准"和"目标客户需求项目评估维度"使用的熟练度进行评估。

【实训项目4：我的复盘】

我的实训项目复盘

"猎头顾问成长记Ⅰ"系列（5）

台上一分钟，台下十年功

  许多事情只有自己亲身经历了，才能感悟到其中的窍门所在。

  对于客户开拓，我一开始其实是一无所知，根本无从下手的。

  通过对所学知识的梳理，我明白了"台上一分钟，台下十年功"亦同样适合描述猎头顾问。客户开拓有两个非常重要的部分，一是联系客户，二是拜访客户。

  联系客户的渠道有很多种，在"现代猎头原理与案例"课程学习中，老师给小伙伴们梳理了近10种开拓渠道，让我印象最深刻的是电话（包括陌拜电话）和邮件，以及即时通信中的微信和脉脉。

  高校的猎头教育还处于拓荒阶段，很多资源处于积累当中。尽管广州南方学院的猎头研究和猎头教育起步比较早，但由于经费有限等诸多原因，资源的积累并不乐观。感谢学校的校企合作和导师制度，让我们拥有了一位职业导师李依可（Leo），她是××人力资源服务有限公司的资深猎头顾问，项目主管，专注IT、母婴行业。每当我和团队小伙伴们毫无头绪时，总是能及时得到李依可（Leo）导师的指导。

  这一次，我和所在团队的小伙伴们依葫芦画瓢，从邮件撰写入手，然后根据李依可（Leo）导师提供的框架要求，搜寻了一大批企业，开始模拟练习。发送完邮件之后，接下来就是电话的话术训练了。

  真正的实战训练才让人更加记忆深刻，感触良多。如何吸引客户的注意，并引起对方的兴趣，让对方乐意与我们继续交流下去，我和小伙伴们可谓绞尽脑汁、字斟句酌。

  虽然经常会被客户拒绝，但让我和小伙伴们颇感欣慰的是，通过这个环节的实战训练，我们不仅知道了如何使用FABE法则[①]体现自身优势，还熟悉了"找到关键决策人"的思维。通过做商务拜访计划、列资料清单的实训，我们发现自己思考问题更全面、更深入了；在展示环节，通过大家的点评，我们也发现了自身的不足之处。

  "台上一分钟，台下十年功"，这是我最深刻的感受。

---

  ① FABE，英文单词features（功能、特征）、advantages（优点）、benefits（利益）、eivendence（案例、佐证）的首字母大写的组合。FABE法则的详细使用见本书第47页"（四）拜访中体现优势"。

实训项目5　企业客户开拓技巧

选择比努力更重要，我们都知道需要用正确的方法和工具才能做对事。可问题是，我们是否知道正确的方法和工具有哪些，以及如何使用。

——编者

一、实训目标

（1）通过客户开发提升猎头顾问的业务开拓能力，增强猎头顾问未来整体的业务质量。

（2）通过对客户开发流程中的技巧和方法的学习与掌握，可以帮助顾问更高效地完成客户开发工作。

二、实训加油站

（一）联系客户

1. 常见联系客户的途径。

（1）联系客户的开场白/问候语。开场白的目标是吸引客户的注意，引起他们的兴趣，让他们乐意与我们交流。

（2）联系客户的常见形式有邮件、电话、微信，以及部分招聘网站、论坛平台。猎头顾问有时是通过这些渠道取得部分客户电话或者邮箱的联系方式的，但也有部分客户是直接通过这类平台与猎头顾问联系成功的。在这些方式中，电话是最具时效的方式，也是最常用的一种方式。

2. 邮件联系客户的要素及话语艺术[①]**示范。**邮件联系使用背景是猎头顾问非常明确职位客户职位需求，并有匹配候选人资源。邮件联系四要素如下。

第一要素：对客户进行问候，并做自我介绍。

第二要素：表明已了解客户明确的招聘需求，并表示有符合要求的候选

---

① 话语艺术，业界一般使用"话术"一词，百度百科汉语词语解释为说话的艺术。但经编者查询，汉语词典尚未收录此词，为规范用语，故使用"话语艺术"替代。

人推荐。可以在邮件中大致描述一下待推荐候选人的背景，原则是突出候选人对客户的价值，吸引客户的注意。

第三要素：在邮件中直接展示类似的成功案例。

第四要素：在邮件中附上所在公司的官网链接或企业公众号，以及猎头顾问的联系方式。

邮件联系客户问候/开场白书写示范

亲爱的钟莉莉（Lily）：

我是××人力资源服务有限公司的猎头顾问路彬彬（Rubin），专注于IT行业的招聘，我们团队由16位专业IT顾问组成。

我们在国内拥有丰富和优质的IT行业候选人资源，已在一年内为12家IT公司完成了180个高端岗位招聘委托，我们很有信心在这个领域的招聘上为您提供优质的服务。

根据贵司近期的招聘IT总监一职，我们从近期挖掘的候选人里面挑选了两份简历出来，也许您会感兴趣。候选人大致的背景请查看附件。

我们承诺：

1. 约见候选人；

2. 一周内推荐候选人；

3. 面试安排及跟进；

4. 候选人入职1～3个月，对其就职情况持续加以关注；

5. 提供高附加值的服务以帮助您缩短招聘周期，减少招聘难度。

非常感谢您利用宝贵的时间来阅读邮件，如果您有任何疑问，我可以在您方便的时候拜访您，与您继续探讨。

我们公司的官网：www.×××××.com。

邮件末尾部分有我的联系方式，如有任何需要可以随时联系我。感谢您对我们公司的关注及支持！

您的专属顾问：路彬彬（Rubin）

2021年10月28日

××人力资源服务有限公司

电话：020-×××××××

传真：020-×××××××

手机：188×××××88　　Email：nrtces@163.com。

3. 电话联系客户要点及话语艺术示范。电话联系是最具时效性的联系客户的方式，不仅可以确认客户需求，而且可以感受到客户联系人的风格。电话联系五步法如下。

第一步：对客户进行问候，并做自我介绍。

第二步：表明电话来访的目的和原则是为了突出候选人对客户的价值，以吸引对方的注意。

第三步：确认对方当下是否方便交谈，并确认再次电话来访的时间。

第四步：如能继续交谈，则转向探测需求，并确认与自己之前了解的需求是否一致。

第五步：表明自己有客户需求岗位人才的资源，并与客户预约拜访时间。

电话联系客户问候/开场白话语艺术范例

钟莉莉（Lily），您好！

我是××人力资源服务有限公司的猎头顾问李依可（Leo），从网上了解到贵司正在招募电商总监这个岗位。我们是专业为电商企业猎聘高端人才的猎头公司，想看看我们的资源是否可以帮到贵司，您现在方便交流一下吗？……想请教您几个问题，贵司目前电商总监这个岗位进展如何？岗位要求有哪些呢？……就您刚才描述的要求，我们有符合该岗位的候选人资源，如果能与贵司建立合作关系，我们希望有机会可以去贵司拜访面谈，以便更好地了解贵司的企业文化及用人风格，您看什么时间会比较方便呢？

（二）客户拜访

1. **梳理拜访前准备清单**。清单的具体内容如下：
（1）明确拜访目的，设定拜访目标。
（2）确定拜访人员及拜访的合作与分工。
（3）准备好拜访所需要携带的相关资料，比如公司介绍册、合同等。
（4）提前进行预约，明确双方见面的时间、地点、时长等相关信息。
（5）规划好拜访出行的工具、路线等。

2. **明确拜访目的**。
（1）判断客户是否能合作。

(2) 如能合作，如何争取获取客户的认可。

(3) 具体洽谈怎样合作（提前制订好合作方案）。

3. 确定拜访参与人员。大部分猎头公司在进行客户拜访时，都会采取团队组合的方式。一般会有两个或多个角色，比如商务拓展（主要是客户开发）顾问和负责做单的顾问，有时候客户开发顾问和做单顾问会分开进行拜访。当然，也有很多猎头公司会派一人出行，即一人需要身兼两职，同时扮演两种角色。到底是一个人还是两个人，主要根据客户开发阶段的需要而做相应的调整。如果是两个顾问出行拜访，一般分工如下。

(1) 客户开发顾问，主要负责公司介绍、商务合作方案谈判等。

(2) 做单顾问，主要职责如下：

第一，了解客户职位，投准客户所好，要善于使用"开放式问题+封闭式问题"来获取客户需求信息。

第二，获得客户的职位招聘订单。通过向客户分享过往类似的成功案例，向客户展示行业候选人资源及对客户所属行业的认知。

4. 整理客户清单。客户开发顾问与做单顾问一起整理客户清单，基于客户所属行业，整理过往服务类似领域的客户，应遵循就近原则，对客户的排序应由熟悉到陌生。客户清单包括：① 现在合作的客户；② 过去合作过的客户；③ 其他分公司合作过的企业；④ 目前正在洽谈的新客户。

整理客户清单需要做以下工作：① 对客户类型进行对标。是新领域的建立者，还是传统行业的创新者或延续者，抑或行业的领跑者？是创新型公司，还是有潜力的创业型公司？通过对客户归类分析来预测是优质客户还是潜在客户。② 目标客户正在招聘的职位需求整理。③ 整理和目标客户职位需求类似的成功案例。④ 客户方参会人员人数及职位背景情况收集。⑤ 收集目标客户过往与猎头的合作信息，如合作了哪些岗位，猎头合同的费率大概多少，等等。⑥ 根据客户公司的地址，提前规划好出行线路及路程所花费的时间。⑦ 如果需要去客户那里做演示，则需要提前确认办公设备的有效性。⑧ 仪容仪表的准备。如商务拜访需要着正装参加，要搭配好服装、手提包等。

5. 预约拜访时间。电话预约拜访时间，是准面谈的行为。预约需要注意的事项有以下方面：

拜访客户时，应让客户来决定什么时间和你见面，最好能够选择不妨碍客户工作的时间。因此，拜访客户前最好能够预约，这样就不会显得唐突。

一般来说，上午10：00—11：00、下午2：00—4：00这两个时间段比较适合拜访客户。因为这时候，客户的工作基本安排就绪，拜访时，可以与客户多聊聊，拜访的效果也会更好。

预约拜访话语艺术范例

张总，您好！感谢您对贵司职位需求信息的分享，我是否可以有这个荣幸，于本周三下午去拜访您呢？这样可以更加详细地了解贵司的岗位要求，同时，我也会带上几份电商总监范本简历供您参考。您看周三下午几点会比较方便呢？

6. 与客户确认预约时间。与客户约好时间后，需要在拜访前再确认一次，否则不礼貌。约定好的事情，对方可能会因为事务繁忙或记性不好而忘记，或者因为临时有事而需要做出其他安排。如果拜访前不确认好，则可能会导致拜访时找不到人、对方没有时间等意外情况的出现。既然是你主动约别人，就更加应该对约定负责。

拜访确认话语艺术范例

张经理，您好！我是××人力资源服务有限公司猎头顾问路彬彬（Rubin），我们在本周一确认明天下午2：30去贵司拜访您，商谈贵司电商岗位要求细则及合作事宜，请问这个约见时间是否需要调整？

（三）客户拜访注意事项

1. 控制初次拜访时间。初次拜访客户的时间一般在30分钟左右，不要在客户那里逗留太久。一般性的拜访最好控制在40分钟以内，如果拜访时间过长，则很可能会耽误对方做其他事情。

2. 拜访客户要选择合适的时间段。切忌在客户下班或要离开时去拜访。因为临近下班回家的时间，对方不可能好好坐下来花时间与你细谈，这将会影响拜访的效果。在拜访环节，尤其需要注意以下两点：

（1）不要失约。如果和客户约定了时间，就一定不要失约。因为现在大家的时间都很紧张，每天做什么事情，都有一定的安排。你的失约，可能会影响客户之后的工作安排。守约是对客户最起码的尊重。如果是因为一些不可避免的因素而不能按时与客户会面，一定要在第一时间通知客户，以获得对方的谅解。

（2）按时到访。与客户约定会面时间后，应准时到达，最好是提前5～7分钟到达，以做好会议准备。如果迟到，会让客户对你失去好感，产生不信任感。

（四）拜访中体现优势

采用FABE法则体现优势。简单地说，FABE法则就是在找出客户最感兴趣的各种特征后，分析这一特征所产生的优点，找出这一优点能够带给客户的利益，最后提出证据。通过这四个关键环节的销售模式，解答消费诉求，证实该产品确实能给客户带来这些利益，并且可以极为巧妙地处理好客户关心的问题，从而顺利实现产品的销售诉求。FABE法则解析如表2-3。

表2-3 FABE法则

F（features）	功能、特征	描述一个产品的事实或特点
A（advantages）	优点	描述能使用或帮助买方的一项功能复合
B（benefits）	利益	描述一个功能及其好处，以满足买方需求
E（evidence）	案例、佐证	描述使用该产品或服务的成功案例

FABE销售分析法话语艺术范例

F：猎头推荐职位是定制化服务，我们给客户推荐人选之前先要了解客户的需求，分析适合客户岗位候选人的胜任力模型，再结合候选人意愿及职位规划，最终才能推荐给客户，以确保匹配度。

A：贵司的职位需求肯定是有独特标准的，如果先给您简历，不仅不能满足你们的需求，更不能代表我们的专业和拥有的资源。但如果我们合作，我们可以先签合同，合同签订后，我们公司会安排专属领域顾问按照招聘项目流程，做职位需求分析、目标公司分析、人才寻访、面试评估等工作。

B：我们将最快速精准地给你们推荐合适的候选人，并最终帮助贵司解决高端岗位招聘问题。如果您对我们公司有哪些不了解的地方或有疑问，我们可以整理过往的成功案例供您参考，或者您也可以先从行业内了解一下我们的口碑。

E：主要是快速呈现我们所在猎头公司曾经成功服务过的企业，而且候选人到岗后创造了非常不错的业绩或价值。

（五）关键决策者

在拜访客户的过程中，找到购买决策者对提高拜访的成功率是非常重要的。因为整个的客户开发过程无论涉及多少人，但起关键作用、最后拍板的也就是那么一两个人。

1. 客户决策者分类。这一分类可用图来具体表现（如图2-2所示）。

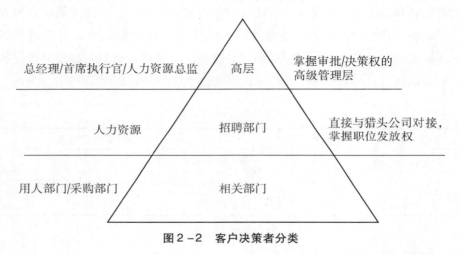

图2-2　客户决策者分类

（1）负责招聘预算的人力资源（HR）部门或者负责招标的采购部门。

（2）有招聘决定权的用人部门。

（3）掌握审批权的高级管理层，如HRD/GM/CEO[①]。

2. 寻找关键决策者。寻找关键决策者，需要重视客户方参与者。找到关键决策者十分重要，这是作为猎头顾问商务拓展环节的核心任务。然而，在寻找关键决策者的过程中，我们不可避免地要接触到各组织关键决策者的关联参与者，即参与这项购买合同的非决策者。如果能够好好地利用这些关联参与者，他们不仅可以帮助我们找到关键决策者，而且还会对成功签约产生积极的影响。对此，我们可以用图2-3来进行简要展示。

---

① HRD，human resource director（人力资源总监）的缩写；GM，general manager（总经理）的缩写；CEO，chief executive officer（首席执行官）的缩写。

图 2-3　关联参与者对关键决策者的影响

这些"关联参与者"都是谁呢？又如何了解其对决策者的具体影响呢？我们可以通过表2-4进行深入的了解。

表 2-4　关联参与者类型

关联参与者类型	具体职位	影响方式
情报者	一般来说是秘书或是行政助理	他们可以为我们提供企业内部一些有价值的信息，尤其是与决策者相关的一些信息，而这些信息对我们成功地实施下一步计划具有十分积极的意义
影响者	高层管理人员	大部分决策者熟谙民主的力量，所以，在做出决策之前，一般都会听取一下大家的意见或建议，这些人便是影响者。认识和关注影响者很重要，因为他们能在某种程度上影响决策者的态度，尤其是当决策者对是否要进行合作还犹豫不决的时候，影响者的一句话往往就能改变决策者的初衷
高层支持者	董事会成员、副总裁（经理）、总监	这个角色一般只存在于大公司内，因为对小公司而言，高层支持者与决策者往往是同一个人

找到以上三个角色人物，并采用关键人物法进行推进，不失为一种有效

的工作方法。所谓关键人物法,就是抓住对项目有决策权及影响力的个人,通过拜访及客户内部信息调查摸清项目人事结构及决策机制,分析关键人物的类型、处境、工作情况、个人情况,周围有哪些人对他能产生影响,等等。接下来就可以制定对应的跟进策略,找到好的推进合作的方案。

三、实训内容、实训方式、实训步骤及实训要求

(一) 实训一

1. 实训内容。

猎头顾问李依可(Leo)经客户转介绍准备开拓目标客户 A 公司,A 公司隶属于×集团,该集团自 2002 年涉足母婴用品行业至今,市场渠道遍布全国,品牌认知度和接受度日趋见长。公司以××品牌纸尿片为明星产品,其他产品包括卫生巾、消毒湿巾等母婴用品。目前,公司一共拥有 20 多个系列 1000 多个品种,年生产值可达 25 亿片的产能。公司总部位于广州,研产销一体,在广东、福建、湖南均有生产基地。

×集团下属 A 公司,主要负责集团产品线下渠道整体营销业务。A 公司通过了 ISO 9001 质量管理体系认证、ISO 14001 环境管理体系认证、ISO 18001 职业健康安全管理体系认证,是行业重点扶持企业。公司曾获国家工商总局中国驰名商标认定、国家高新技术企业、明星纳税企业等荣誉称号。李依可(Leo)已经与 A 公司的招聘专员钟莉莉(Lily)进行了初步沟通,了解到 A 公司现在正在招聘电商运营类的管理岗位。钟莉莉(Lily)表示,如果李依可(Leo)所在公司有一定的候选人资源优势,可以考虑再增加猎头供应商。李依可(Leo)的目标是挖掘客户需求,协调公司资源优势,与 A 公司建立合作关系。

【实训内容说明】实训内容仅供参考,若需提升实训逼真度,可让组员将小组所专注的行业及企业作为实训材料。

2. 实训方式。头脑风暴、模拟实践、团队展示。

3. 实训步骤。

(1) 准备与 A 公司招聘专员钟莉莉(Lily)预约商务拜访的话语稿,进行模拟演练,派组员进行展示。

(2) 整理拜访 A 公司的拜访计划,并列出拜访资料清单。

（3）其他小组进行评估打分，评估该拜访能否达成拜访目标，并说明理由。

4. 实训要求。

（1）商务拜访话语稿能成功预约对招聘专员钟莉莉（Lily）的拜访时间。

（2）各小组所撰写的拜访计划及资料清单具有一定的合理性和完整性。

（3）通过这次实训准备，能在一定程度上达成拜访目标。

（二）实训二

1. 实训内容。

老客户介绍李依可（Leo）结识了 A 公司招聘专员钟莉莉（Lily），A 公司主要负责集团产品线下渠道整体营销业务，这是李依可（Leo）所在猎头公司擅长的领域。熟识钟莉莉（Lily）后，李依可（Leo）从钟莉莉（Lily）处得知，A 公司曾与一家猎头公司合作，虽然人力资源经理艾薇（Ivy）认为与猎头公司合作的方式能帮 A 公司解决招聘问题，但总经理易温（Even）因之前合作效果不好却还要预付费用，决定中止和该猎头公司的合作。A 公司现在还有多个中高管职位空缺，一直没有招到合适的人。这是李依可（Leo）第二次拜访 A 公司，这次拜访的目的是打动客户，证明所在猎头公司的优势及价值，推动合作。

2. 实训方式。案例分析、资料查询。

3. 实训步骤。

（1）判断 A 公司是否是目标客户，简述判断依据。

（2）判断 A 公司的关键决策者是谁。

（3）获取关键联系人的联系方式的途径。

4. 实训要求。在规定时间内完成实训步骤，并回顾是否达成目标。

（三）实训三

1. 实训内容。

请以"实训项目 4 企业客户的识别"中所收集的企业为背景资料，在该背景资料中，经老客户介绍，你结识了 A 公司招聘专员钟莉莉（Lily）。在第二次拜访中，钟莉莉（Lily）向你介绍了公司的人力资源总监和业务单位用人负责人。A 公司目前有多个中高管岗位是空缺的，此次拜访的目的是进一步明确该公司的岗位需求和岗位要求，同时推动和关键决策者的面谈汇报工作，达成合作意向。

2. **实训方式**。互联网资料搜集、小组讨论、情景模拟。

3. **实训步骤**。

（1）汇总 A 公司的岗位需求及要求。

（2）模拟访谈现场和沟通内容。

（3）初步判断 A 公司是否有合作意向。

（4）确定与关键决策者的面谈时间。

（5）回顾拜访目的是否达成。

4. **实训要求**。

（1）猎头方需要在规定时间内完成实训步骤，并回顾是否达成目标。

（2）A 公司方需要在规定时间内完成实训步骤，并回顾猎头方的访谈内容是否满足自己的需求。

四、实训时间及成绩评定

（一）实训时间

建议本项目的实训时间为 6 课时。

（二）实训成绩评定

依据以下三个维度进行评定，分别是：

（1）实训内容中要求的目标是否达成。

（2）分析和推理过程中的逻辑性及合理性。

（3）所完成的拜访计划的逻辑性，以及资料清单的完整性。

【实训项目 5：我的复盘】

我的实训项目复盘

"猎头顾问成长记Ⅰ"系列（6）

雪中送炭，还是锦上添花

我和团队的小伙伴们花了足足两节课时间，才把行业信息收集表以及客户信息收集表填写得比较令人满意。也正是通过这两份表格，我更进一步地了解了大健康、互联网、人工智能这三个行业的框架脉络、发展趋势及人才需求。

我的理念就是要雪中送炭，而非锦上添花。我在努力地判断，在这几个充满发展前景的行业中，哪些企业是有真实的招聘需求的，且刚好又是我能够完成的订单。

我在设计客户需求评估维度时，特意罗列了以下几点：

（1）客户的需求是否紧迫？是否非常急切地想解决职位问题？

（2）客户对招聘项目是否重视？是否愿意安排决策者与我一起面谈职位需求？

（3）客户对职位的要求是否非常清晰？

（4）客户对职位的要求是否符合市场的行情？

（5）客户所委托的职位薪酬、福利待遇、发展空间等是否具有竞争力？

带着上述需求评估维度，我和小伙伴们开始仔细阅读并深入分析职业导师李依可（Leo）所提供的目标企业客户职位说明书，了解其公司的发展动态、现状及未来发展战略等。同时开始从该企业的概况（比如企业文化、发展愿景和使命、竞争优势）、团队（比如企业创始人、高层管理团队、直属经理等的偏好或背景）、所提供的职位（比如职位的内部级别、岗位职责）着手进行深度的咨询与诊断工作。

完成上述工作之后，李依可（Leo）导师经客户转介绍了××机器人科技有限公司，该公司目前需要引进人才。出于校企合作关系以及实战训练的目的，李依可（Leo）导师把这个项目交给了我和小伙伴们，并亲任项目经理，以便能更好地指导这个实习项目团队。

我和小伙伴们既兴奋又忐忑，兴奋的是终于不再只是纸上谈兵，忐忑的是担心把项目搞砸了。行动是治疗焦虑的良药，我和小伙伴们马上开始着手准备了解××机器人科技有限公司的招聘需求，并计划撰写一份客户需求分析文案。

实训项目6　企业客户需求分析

我们要学会用咨询师的思维方式深入解读企业客户的需求，这是推荐人才的前提。

——编者

一、实训目标

根据猎头行业的发展趋势以及猎头顾问的职业晋升路径，应深入、准确地诊断企业，并清楚其需求是猎头顾问的核心竞争力。

通过本实训，我们应该能做到以下两点：

（1）了解如何分析一家企业的组织结构、企业文化、企业战略等要素。

（2）熟悉分析一家企业所提供职位的岗位说明书，根据自己所掌握的动态资讯和专业知识，提出合理的人岗匹配建议。

二、实训加油站

（一）准备工作

（1）了解目标企业客户所在行业的发展动态及趋势。

（2）仔细阅读并深入分析目标企业客户的职位说明书。

（3）了解目标企业客户公司的发展动态、现状及未来的发展战略。

（4）阅读曾经接触到的类似领域的职位公司，并进行比较分析。

（5）罗列可以在沟通中进行分享或对比分析的匹配候选人的信息，如果方便，可以直接打印其简历。

（二）需求分析的基本内容

1. 目标企业概况。这部分内容主要包括总体情况、企业文化（愿景、使命、价值观等）、组织结构、员工总数、主要产品或服务、竞争优势、核心区域、利润情况、企业品牌、目前的挑战、未来的发展战略。

2. 目标企业团队概况。

（1）企业创始人、高层管理团队、直属经理等的背景及偏好。

（2）候选人将来所在团队的组织模式（结构）、团队成员及其背景、团队风格、教育背景、基本能力等。

（3）候选人可能加入的团队及其成员的职责与分工、候选人自己的职责与分工。

3. 目标企业提供的职位。

（1）职位的内部级别、岗位职责。

（2）职位新旧：新职位/替换离职人员/继任者（前任的背景）。

（3）职位发展路径及相关要求：教育背景、行业经验偏好、技能、资格、能力及其他要求。

三、实训内容、实训方式、实训步骤及实训要求

（一）实训内容

资深猎头顾问李依可（Leo）经企业客户转介绍了新客户广州南方学院，学院需要引进大量高层次人才。你在接手后，准备了解客户的需求，以下是相关资料。

【学校背景】

广州南方学院（原中山大学南方学院）是经教育部批准、曾经由中山大学与广东珠江投资集团合作创办的全日制应用型本科高等学校，现已经转设为民办本科大学。学校位于素有"北回归线上的明珠"和"广州后花园"之誉的广州市从化区，现有13个院系40个专业，涵盖管理学、经济学、文学、工学、理学、艺术学等学科门类，学生19590人。

学校创办以来，办学水平不断提高，社会声誉逐步上升，曾在艾瑞深中国校友会网《2020中国大学评价研究报告》中获"中国六星级独立学院""中国顶尖独立学院"称号，人力资源管理专业全国排名第五。2016年获批广东省首批应用型本科转型试点校。

截至2019年12月，学校已经引进100余位博士，分别毕业于北京大学、清华大学、牛津大学、南加州大学、马里兰大学、台湾大学等。

学校以创建中国一流民办大学为目标，现根据发展需要，拟面向全球诚聘百名博士，尤其欢迎大数据与人工智能、新商科学术团队的加盟。

1. 需求专业。

教学单位	需求专业/方向
商学院	互联网金融、金融工程、金融学、经济学、国际经济与贸易、国际商务、物流管理、工商管理、电子商务（电子商务或管理科学与工程、计算机、国际经济与贸易等相关专业电子商务研究方向）
会计学院	会计学、公司财务、审计学
电气与计算机工程学院	数学类、物理类、电气工程类、计算机类、电子工程类、信息与通信工程、人工智能、大数据
外国语学院	英语、日语、法语、汉语国际教育
文学与传媒学院	汉语言文字学、语言学及应用语言学、中国现当代文学、中国古代文学、文艺学、世界文学与比较文学、网络与新媒体、信息管理学、交互设计、计算机软件、新闻学、传媒经济学
云康医学与健康管理学院	临床检验基础、血液学检验、微生物检验、生物化学检验、输血技术、分子生物学检验、病理检验技术、检验仪器学
护理与健康学院	临床医学/基础医学、护理学
公共管理学系	公共关系学、应用心理论学、管理学、公共经济学、数据处理或管理信息系统、电子竞技产业管理、中国文学
艺术设计与创意产业系	公共艺术专业、计算机/信息技术、工业设计、品牌运营/电子商务
音乐系	音乐学、历史学、思想政治教育
综合素养学部	哲学、历史学、思想政治教育
大学英语教学中心	应用语言学、外语教学、专门用途英语教学
体育教学中心	体育教育与运动训练

2. 申请基本条件。

（1）身心健康，遵纪守法，作风正派，具有良好的职业道德，团队合作意识强。

（2）专业对口，具有一定的教学能力或行业工作经历，具备较好的学术发展基础，有志于从事教育工作，能胜任应聘岗位的工作。

（3）年龄一般不超过 55 周岁，特殊人才可视情况放宽要求。

3. 薪酬待遇。

（1）根据应聘人员的经历及业绩，提供富有竞争力的薪资，一人一议，上不封顶。年薪最低××万元，同时，提供安家费，最低××万元，科研启动经费，最低××万元。

（2）学校通过人才提升计划，对教学、科研、社会服务成果优异者提供支持和奖励。

4. 其他福利。

（1）引进人才的子女可就读附近著名小学。

（2）免费提供工作日的早餐、午餐。

（3）提供校内教师公寓，博士毕业生、讲师住房标准为一室一厅，博士后、副教授职称及以上住房标准为二室一厅。

（4）享受探亲路费报销。

（5）免费提供每年一次的体检。

（6）享受工会福利，校内设"教职工之家"，免费提供教职工休闲、娱乐、健身场所。

（资料来源：广州南方学院人事干部处招聘公告，https://www.nfu.edu.cn）

（二）实训方式

互联网搜索、官网搜索、头脑风暴、团队展示、团队和教师点评、复盘。

（三）实训步骤

（1）选出每组的组长，讨论出组名和口号。

（2）根据广州南方学院人事干部处的招聘需求，撰写一份客户需求分析文案。

（3）由组长或指派组员分享头脑风暴的成果，并阐明该成果的依据。

（四）实训要求

（1）在规定的时间内完成头脑风暴的目标内容，并与本组组员达成共识。

（2）讨论结束后，由组长或组员分享本组头脑风暴的成果，并阐明该成果的依据。

四、实训时间及成绩评定

（一）实训时间

建议本项目的实训时间为 2 个课时。

（二）实训成绩评定

（1）对组员在规定时间内头脑风暴出的成果进行评估。

（2）根据组员梳理出来的广州南方学院组织概况、发展动态、现状及未来发展战略，梳理所提供职位的发展路径及相关要求，比如教育背景、行业经验偏好、技能、资格、能力。

【实训项目6：我的复盘】

我的实训项目复盘

"猎头顾问成长记Ⅰ"系列（7）

有了新朋友，不忘老朋友

斯坦福研究中心发表过一份调查报告，其结论指出：一个人赚的钱，12.5%来自知识，87.5%来自人脉关系。[①]

选择人力资源管理专业的那一刹那，就意味着我选择了与人打交道的职业。作为猎头顾问，左手人才（候选人），右手企业客户，每一个环节都必须与人互动。

犹记得在"现代猎头原理与案例"课堂上，当时的我还对"人脉关系开拓、老客户的关系管理"不以为然。现在，当自己需要亲自面对一系列的客户，尤其是自己今后将在这个领域扎根时，我便不得不去认真思考，到底该如何维护并管理这些老客户呢？

带着这些问题，我打开猎头软件系统，思考着该如何快速熟悉软件的各项功能。如何真正有效地维护并管理好已有客户，才不至于一边开拓新客户一边丢失老客户。

向李依可（Leo）导师请教后，我的思路终于逐渐清晰起来。她建议我通过以下几个步骤进行梳理。

第一步：对客户类型进行分类。虽然人的复杂性超出了我们的想象，但是总有许多方法让我们了解人的特性，日益细分的心理学研究对象也许呈现了这种趋势。李依可（Leo）导师建议我把客户类型分为强势型、温和型、聪明型、挑战型，通过表格化的形式，梳理出对这几种类型客户的特征的描述词汇和应对方式，且在今后不断扩充素材库，深化对各种类型客户的认知。

第二步：理解客户的忠诚度。我的父亲经常说："钱靠流动，亲戚靠走动。"我越来越深以为然。客户关系的维持其实也要靠互动，但是，互动又是有职场法则的，这就是忠诚度的底层逻辑。

第三步：与客户建立信任度。个人的自信源自实力，猎头与客户的信任源自了解（互动）、专业、责任、真诚。

---

① 菁锋：《试论人脉关系是"第一生产力"》，《杂文选刊（下半月）》2009第6期，第42页。

第四步：提升客户满意度。新消费时代，消费者的行为日趋多元化、细分化，归根到底，其实是一种体验与期望值。我应该从自己的专业度入手，这样才能给客户提供更满意的专业服务。

实训项目 7　客户关系管理

你必须先洞察客户的类型，了解客户的需求，才能知道如何更好地与对方沟通，管理好客户关系。

——编者

一、实训目标

1. 能根据所学的理论知识对所属行业客户类型进行区分，并了解每一种类型的客户的详细特点。

2. 能结合企业所属的行业特性，根据不同类型客户的特点洞察其真实需求，并推荐符合其需求的人才候选人。

二、实训加油站

客户关系管理（customer relationship management，CRM）是企业为提高核心竞争力，达到竞争制胜、快速成长的目的而开展的判断、选择、争取、发展和保持客户需要的全部商业活动。

随着客户关系管理概念的引入，越来越多的企业采用客户关系管理系统。而在依靠系统之外，作为商务拓展顾问还能做些什么呢？

（一）客户性格类型分类

是否有一种深层次了解人的方法和学问呢？有的。比如霍兰德职业兴趣测试、盖洛普性格优势测试、DISC 性格测试、职业锚测试、PDP 性格测试，这些都是量表测试的常见类型。

但是，在现实生活中，我们无法轻易地给客户做量表测试，而需要用我们的专业知识和经验积累来进行判断，在此给出以下两种参考模式。

表 2-4 用比较简单的概括方式，给出了四种常见的性格类型。

表2-4 四种常见的性格测试类型

序号	类型	特征	描述	对策
1	强势型	强势、果断、霸道、分析能力强、逻辑推理能力强	不喜欢讨论涉及钱、人、情感类的话题，抗拒友谊型的客户开拓方式；沟通注重过程，谈判关注结果	依靠数据和事实说话，以呈现自己的专业化与职业化
2	温和型	温顺、随和、善良、好说话	在客户企业组织内部通常能起到平衡关系的作用，是帮助商务拓展顾问寻找决策者的最佳人选。善良，害怕被欺骗	让对方感受到我们的真诚和善良
3	聪明型	聪明、狡猾、智商高、反应快、多疑	让你感觉到结果就在眼前，让商务拓展顾问充满希望却又会失望	最好的期待，最坏的准备
4	挑战型	喜欢反对、喜欢挑战、满足感强、虚荣心强	往往不是企业老板，注重谈判过程，相对不关注谈判结果	如果没有结果，无须浪费太多口舌

还有一种偏向于定性、来自古巴比伦口耳相传的智慧——九型人格类型（见表2-5），它通过分析人们行为背后的出发点，以及基本欲望和基本恐惧，深入问题核心，帮助我们了解自己及他人的个性、倾向和偏好，让我们明白行为背后的原始动机及需要，以此了解并改善我们的沟通方式。

表2-5 九型人格类型的性格特征及沟通模式

序号	类型	性格特征	沟通模式
1	完美型	没有最好，只有更好	应该与不应该
2	助人型	施比受更幸福	总是以他人为中心
3	实干型	目标明确，绝不做无意义之事	直奔主题
4	浪漫型	迷恋缺失的美好	以自己的情绪为主
5	观察型	自我保护，离群索居	以自己的兴趣为主，冷眼旁观
6	怀疑型	怀疑一切不了解的事物	旁敲侧击
7	享乐型	天下本无事，庸人自扰之	闲谈式沟通
8	领导型	王者之风，有容乃大	直截了当提出要求
9	调停型	以和为贵，天下太平	追求和谐的交流

不管用哪一种方式，都需要秉持"读万卷书，行万里路，阅人有术，阅人无数"的理念，不断丰富自己的阅人数据库，并进行验证，从而让自己在判断自己或他人的人格类型时更加精准。

（二）客户行业类型分类

一般来说，每一家猎头公司都会有一个或者多个专注行业或职能模块。因此，收集整理所专注行业中的企业客户类型是一项基础工作，有利于我们更好地洞察企业的发展趋势以及人才需求的特点。我们可以通过行业客户类型分类表（见表2-6）进行资源管理。

表2-6 行业客户类型分类

行业客户类型	客户案例	人才需求特点
互联网	BAT（百度、阿里巴巴、腾讯）、字节跳动、美团、拼多多等	程序开发工程师人才比较紧缺，且需求量大。同时，对职能类人才也有需求
地产行业	万科、恒大、碧桂园、绿地等	受政策影响较大，需关注国家宏观调控。同时，对管理类人才有需求
汽车行业	蔚来、宝马、比亚迪、奔驰等	新能源及人工智能领域值得关注
电子行业	华为、小米、OPPO等	程序开发工程师及人工智能领域值得关注

关于行业客户类型分类，在实际业务操作中，很多猎头顾问并不一定按照国家行业分类进行，而是根据其所在猎头公司专注的业务板块对行业重新进行划分。由于猎头公司所服务的企业或潜在目标企业客户规模大、业务类型多，导致猎头公司为提升服务能力而被迫跨界多个行业。

除去上述因企业客户多元化因素导致的猎头公司跨行业因素，一般来说，猎头公司内部的业务模块大致是按照行业（行业背景）、岗位（同行业同岗位、不同行业同岗位）进行划分的。

对行业客户类型进行分类的意义在于，猎头顾问可以通过PS模式积累候选人资源，以解决企业客户在中高端管理岗位招聘时对同行业同岗位有经验人才的偏好需求。

（三）建立信任

与客户建立信任关系至关重要，我们可以尝试从以下角度入手：

（1）良好的第一印象。
（2）实事求是的表达。
（3）耐心倾听。
（4）站在客户的角度去思考问题。
（5）注重细节。
（6）真诚、专业地为客户解决问题。
（7）定期回访，保持互动和交流。

（四）客户满意度

客户体验的感受与客户期望值之间的关系决定着客户的满意度，进而影响其忠诚度。

体验感 – 期望值 = 满意度。满意度等于0，即客户基本满意；满意度小于0，即客户不满意，流失的可能性随之加大；满意度大于0，即给客户带来惊喜，客户容易发生转介绍行为，形成口碑营销。

（五）客户忠诚度

作为一名猎头顾问，我们需要认真思考客户忠诚度的问题，主动寻找影响客户忠诚度的因素，提前制订应对策略，以降低客户的开拓成本。我们把客户忠诚度分为四种类型，并提供了应对建议（如表2–7）。

表2–7　客户忠诚度的类型及应对建议

类型	内容描述	应对建议
垄断忠诚	你所在的猎头公司提供的服务在行业中处于垄断地位，客户无论满意与否，都只能长期地使用你的服务	确保猎头公司、猎头顾问的绝对竞争力以及行业影响力
利益忠诚	这种忠诚源自给予的额外的利益，比如价格刺激等。在这种情况下，一般是具有价格敏感性的客户才会对同质服务中价格相对低的猎头公司所提供的服务表现出忠诚	制订一套与利润相对较低的行业和企业相匹配的服务体系

续上表

类型	内容描述	应对建议
惰性忠诚	客户出于方便或者因为惰性，会长期保持一种忠诚	以客户为中心，不能因为客户的惰性降低服务质量。
信赖忠诚	客户对服务满意，并逐步建立一种信赖关系，随着时间的推移，这种信赖就会逐渐成为一种忠诚。这种忠诚的可靠度、持久性相对较高，是商务拓展顾问在客户关系管理中追求、研究的主要类型	提供优质、高效的服务，建立信任的合作关系

（六）测一测：正误辨析

通读以下 10 句关于客户开拓的语句，并判断每句表述是否正确，若有错误，请找出错误的地方并进行修改。

（1）为了赢得客户满意，应尽可能多地承担额外的服务义务。

（2）不是所有的客户都是上帝，把资源平均消耗在每个客户上并不经济。

（3）客户的满意因素越多，满意度也越高，并且满意因素可以弥补不满意因素。

（4）猎头顾问通过他人的直接介绍或提供的信息进行顾客识别，可以通过熟人、朋友等社会关系，也可以通过企业的合作伙伴、客户等，由他们介绍客户。

（5）如果利用客户满意度调查表对客户进行调查，调查表中的项目应该尽可能地多，这样可以获得更多的客户满意度的相关信息。

（6）客户忠诚度是建立在客户满意度基础之上的，因此，提供高品质的产品、无可挑剔的基本服务，增加客户关怀是必不可少的。

（7）获得客户满意、客户忠诚是参与竞争取胜的保证。

（8）客户不满意肯定就会转向别家，而满意却不一定保证忠诚。

（9）猎头顾问只应重视那些现在能给企业带来利润的客户。

（10）猎头顾问应该对客户频繁地进行客户关怀，这样可以赢得客户的喜爱。

三、实训内容、实训方式、实训步骤及实训要求

（一）实训内容

1. 实训内容。依据四种不同的客户类型及九型人格特点，以小组所专注行业领域及目标企业为背景，请各小组讨论拟定对应的沟通话语艺术，以体现该客户类型特点。

2. 实训方式。资料收集、头脑风暴、文案撰写、角色扮演。

3. 实训步骤。

（1）学员分组并选出组长。

（2）分配每种客户类型的扮演者。

（3）通过角色扮演，分析与不同类型客户沟通方式的差异。

4. 实训要求。掌握不同客户类型的对应沟通技巧。

四、实训时间及成绩评定

（一）实训时间

建议本项目的实训时间为4个课时。

（二）实训成绩评定

（1）根据每个小组对背景资料的收集程度、背景内容的分析程度、角色类型的把握程度（话语艺术与类型的匹配）进行评价。

（2）对组员在规定时间内进行角色扮演的效果进行总结和评估。

【实训项目7：我的复盘】

我的实训项目复盘

【模块总结】

　　虽然现在很多大型人力资源企业或猎头公司已经不需要开拓企业客户就会有处理不完的订单，但是，从人才培养的角度，我们还是有必要通过实训的方式，让学生系统了解并体验企业客户开拓整个流程，比如客户识别、开拓技巧、客户需求分析、客户关系管理，以便对客户端有更深层次的理解。

　　通过本模块的实训，学生可以掌握信息收集能力、识别能力和基本的开发技巧，学习一个优秀的猎头顾问需要按照怎样的逻辑围绕着客户进行一系列开发工作，为下一个阶段与客户成功签约奠定基础。

【模块感悟】

我的实训感悟

模块三　谈判签约

【模块框架】

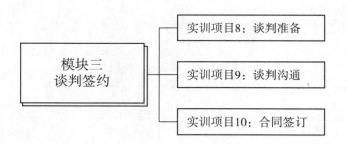

【模块目标】

> （1）掌握与客户谈判的基本方法。
> （2）具备处理客户常见异议问题的能力。
> （3）把握核心条款的谈判方向。

"猎头顾问成长记Ⅰ"系列（8）

知己知彼，谈判自如

随着"现代猎头实务实训（初级）"课程的推进，以及校企合作职业导师的不断跟进，我和团队的小伙伴们的客户数据库及候选人数据库日益丰富。所谓点滴积累，水到渠成，订单自来，大抵如此。

我和小伙伴经过一周的努力，终于完成了专注母婴产品的×集团A公司的商务拜访话语艺术稿、拜访计划及资料清单。经过团队成员的用心付出和勤奋努力，一波三折之后，我们终于证明了所在猎头公司的优势及价值，加快了合作的节奏，开始了项目谈判签约。

作为新人，我认为准备工作非常重要，只有精心地准备，才能做到知己知彼、熟练应对。同时，我越来越庆幸遇上了最好的时代，不仅国家为人力资源服务行业的发展提供了良好的政策，整个人力资源服务行业蓬勃发展，而且学校在经过多年的沉淀和积累后，对人力资源管理专业猎头方向的人才培养有了较为成熟的做法，常规课堂上有专业教师引导，实操环节还可以随时咨询"猎头顾问人才定制班"的职业导师李依可（Leo）。

经过一番学习和沟通之后，我迅速确定了自己的谈判准备工作与计划。

1. 制定自我分析表。通过该表格，可以详细而深入地分析自己和所在公司、顾问团队的优劣势和成功案例。

2. 制定客户分析表。分析表的内容可以通过对企业所属行业及其发展动态、企业文化、企业组织结构、创始人、管理团队、用人风格、经费预算、项目紧急程度、项目洽谈参与对象等进行收集和分析。

3. 团队成员头脑风暴谈判策略。主要包括确定谈判目标、明确具体问题及优先顺序、准备多种备选方案、确定谈判底线。

4. 团队成员谈判练习与预演。我和团队成员根据问题分类进行分角色扮演练习，提高熟练程度。

5. 团队成员复盘、查缺补漏。经过一番演练之后，我和团队成员开始复盘，确认谈判死角，进一步完善相关的信息和资料。同时，整理谈判信息收集表、谈判内容检核表，尽量做到准确、周全。

通过公司官网、百度、知乎、领英、巨潮资讯、证券交易所、东方财富、中商情报网等渠道的搜寻，我和团队成员很快就把相关的资料收集整理妥当了，我们的信息搜索能力也得到了极大的锻炼。

实训项目 8　谈判准备

如果你是对的，就要试着温和地、技巧地让对方同意你；如果你错了，就要迅速而热诚地承认。这要比为自己争辩有效和有趣得多。

——［美］戴尔·卡耐基（Carnegie，D.）

［美］戴尔·卡耐基：《卡耐基沟通的艺术与处世智慧》，王红星编译，中国华侨出版社2012年版。

一、实训目的

通过本章实训，掌握作为猎头顾问在谈判前所应进行的准备与计划工作要领。

二、实训加油站

（一）谈判双方的分析

1. 自我分析。主要分析自己和所在猎头公司、顾问团队的优势，准备对应的成功案例。这一内容可通过表格进行梳理与整合（见表3-1）。

表3-1　谈判信息收集

序号	分析项目	分析内容	备注
1	优势行业		
2	顾问团队的优势领域		
3	成功案例		

2. 客户分析。主要分析即将合作的企业客户的相关资料，这一部分内容在前面已经实训过。这一内容可以通过表格进行梳理与整合（见表3-2）。

表3-2　客户信息收集

序号	分析项目	分析内容	备注
1	企业所属行业		

续上表

序号	分析项目	分析内容	备注
2	企业在行业中的排名		
3	行业标杆企业信息排名		
4	企业文化		
5	企业组织结构		
6	创始人及管理团队		
7	企业的用人风格		
8	经费预算		
9	项目紧急程度		
10	参与谈判的对象		
11	企业目前的战略和融资意向		

（二）谈判策略与原则的制定

谈判策略与原则的制定是猎头顾问在谈判签约环节中非常重要的一项工作。猎头顾问需要先确定谈判目标，通过收集、整理对方信息来剖析谈判的性质，并评估双方的优劣势，预测对方的接受范围和初始立场。（如图 3-1 所示）

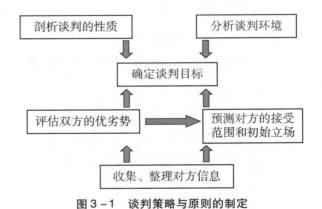

图 3-1　谈判策略与原则的制定

具体来说，可以通过以下几个部分完成：

1. 确定谈判目标。在谈判准备阶段，首先要确定通过此次谈判达成的目标,明确哪些目标务必达成,哪些目标可做让步。

2. 明确谈判的具体问题与优先次序。

(1) 列出必须谈判的问题,如定金、服务费、保证期、项目完成时间等。

(2) 将问题按"最重要"到"最不重要"进行排序。

(3) 将问题按"原则问题"和"可用来做让步条件的问题"进行区分。

(4) 推测对方可能提出问题的优先度。

(5) 列出不可协商的问题。

3. 考虑到所有可能的选择方案。根据所确定的目标与具体问题的优先级,制订多套谈判方案,以备在谈判阶段根据实际情况做出相应的调整。

4. 确定谈判问题的界线。明确己方在谈判中的底线,并在整个谈判过程中守住自己的谈判底线。

(三)谈判练习与预演

在公司内部组织人员围绕下列问题进行谈判练习与预演:

(1) 应当问对方什么问题?

(2) 对方可能问我们什么问题?

(3) 我们如何回答?

(4) 我们的立场是什么?

(5) 我们有足够的事实根据来支持这种立场吗?

(6) 如果我们没有足够的事实根据来支持自己的立场,还可以补充哪些信息?

三、实训内容、实训方式、实训步骤及实训要求

(一)实训内容

根据各个小组所在专业的行业领域、已确定的目标企业客户、前期沟通的情况和进展,按照实训步骤和实训要求,完成下列表格(见表3-3、表3-4)。

表3-3 谈判信息收集

序号	收集项目	信息收集详细内容	备注
1	参与谈判的对象		
2	身份(职位)		

续上表

序号	收集项目	信息收集详细内容	备注
3	关注点（价格/服务）		
4	费率底线		
5	保证期		
6	付款期限		
7	利益点		
8	时间要求		
9	应对策略		
10	其他		

表3-4 谈判检核

序号	谈判检核内容	详细分析内容
1	此次谈判的主要内容是什么	
2	谈判过程中造成冲突的根本原因是什么	
3	我的目标是什么	
4	我希望从这次谈判中得到什么	
5	我的底线是什么（服务费、保证期、付款期限）	
6	对方的目标是什么	
7	我的目标与对方的目标分歧在哪里	
8	我的目标与对方的目标有无共通之处	
9	哪些议题是必须讨价还价才能获得的	
10	对方的底线可能是什么	
11	何种方案可能对双方都有利	
12	我该如何规避猎头顾问在实际操作过程中可能遭受的风险	
13	有无任何压力或限制能促使对方同意签约	
14	我有什么王牌	
15	我的弱点是什么	
16	对方的弱点是什么	
17	若双方无法达成协议，我的替代方案是什么	

续上表

序号	谈判检核内容	详细分析内容
18	是否有足以影响谈判的第三者？若有，是谁？对哪方有利	
19	能否了解对方是否对接了其他猎头公司	

注：关于第19点，许多企业都是一单多放，即公开地寻找两家或多家猎头公司，且大概率会以此来进行谈判博弈，甚至许多企业在不同业务板块也有不同的猎头公司供应商，所以我们需要更多地关注拟谈判同岗位的其他猎头公司的优劣势。

（二）实训方式

头脑风暴、模拟实践、市场调研、网络搜寻、角色扮演。

（三）实训要求

（1）请各小组根据本小组的定位行业、企业的相关资料，利用表3－3和表3－4梳理相关的具体内容，然后进行对应的模拟实践。

（2）如暂无明确的定位企业，也可使用本教程中的×集团案例进行分析和展示。

四、实训时间及成绩评定

（一）实训时间

建议本项目的实训时间为4个课时。

（二）实训成绩评定

（1）依据表3－3、表3－4模拟实践所填写内容的完整性和真实性来评定。

（2）依据搜集资料的数据情况、资料来源的渠道情况、文案的美观程度等来评定。

【实训项目8：我的复盘】

我的实训项目复盘

"猎头顾问成长记 I" 系列（9）

为谈判沟通加点料

话说，我和团队的其他小伙伴经过前期的准备工作，了解了谈判所需的许多信息。我和他们都明白，光了解信息是不够的，深入了解谈判成功的因素非常重要。

那么，哪些因素能为谈判加分呢？我思来想去，想到了以下一些因素：

首先，自身的专业性。如果没有对企业客户所属行业、企业的现在及未来的发展趋势有一定的洞察力、独到且深入的理解，则自身的影响力会非常有限。

其次，善于人企匹配、人岗匹配。就是匹配企业客户，能为企业客户解决问题并创造价值，推荐优质候选人。

最后，对谈判异议问题的解决能力。商场如战场，信息瞬间万变，在谈判中，除了倾听技巧、发问技巧，异议处理技巧也至关重要。

理清思路之后，我决定把谈判沟通过程中可能会出现的问题系统地梳理一遍。比如以下就是一些常见的问题：

1. 如何保证贵公司所推荐的候选人一定合适。
2. 初次合作，先推荐几份简历看看再决定。
3. 我们已经有固定的猎头公司在合作了。
4. 我们是不会支付定金的，你们先推荐给我们吧。
5. 你们30%的收费太高了，我们对比过别家猎头公司，比你们低多了。
6. 我们也算是老朋友了，你们把收费的比例降低一下吧。
7. 你们才3个月的保证期啊，时间未免太短了吧。
8. 你们的收费不太合理啊，我看你们也没做太多工作呢。
……

我在梳理资料的时候，忽然发现上述几个问题远远无法囊括在合同谈判中可能会出现的问题。

于是，我只好在课堂实训中和小伙伴们继续进行头脑风暴了。

实训项目 9　谈判沟通

我们常常不在乎这些道理，却斤斤计较于对方表达时的态度和语气。换句话说，我们不认真听对方在讲什么，却十分在意对方是怎么讲的。

——曾仕强、刘君政

曾仕强、刘君政：《人际关系与沟通》，清华大学出版社 2016 年版，第 119 页。

一、实训目的

（1）掌握在客户开拓中谈判的基本技巧。
（2）熟悉猎头顾问在谈判过程中常见的异议处理。
（3）了解合同中常见的需要谈判的核心条款有哪些。

二、实训加油站

（一）谈判成功的要素

（1）双方对所达成的交换表示满意。
（2）被谈判对方论点的逻辑所说服。
（3）感觉再坚持下去将无法取得更好的结果。
（4）受制于一些无法控制的因素如时间、整体计划等，而不得不达成协议。

（二）如何开局

良好的谈判开局决定了谈判氛围，不仅能让客户感受到你的态度和愿望，而且能让客户感受到你的专业度。
（1）开局的立场陈述，阐述清楚己方的立场。
（2）有效的沟通（认真倾听、灵活表达）。
（3）无论如何，都要耐心地倾听，并要敏锐地感受到对方在一些话中的难言之隐（或者不便表达的地方）。

例如，曾经有一家企业招聘一位技术人员，年薪 80 万元，然而，技术人员入职后才知道，虽然薪酬数目没有错，但是岗位职责和工作内容基本上就是硬件和部分系统运营维护（一般情况下，此类型岗位对人员的要求不太高，薪酬也远远低于企业方所提供的数目），而且没有下属。我们需要在沟通中让对方阐述清楚具体的招聘需求，该企业所招聘的岗位薪酬高，但工作内容简单，却仍委托猎头，应该是有隐瞒之处，这种隐瞒会影响后续项目的交付和保证期的顺利度过。因此，猎头顾问需要琢磨透对方隐瞒的信息或弦外之音，避免在项目的推进和收尾环节中产生不必要的麻烦（"坑"）。

（4）掌握良好的发问技巧。

（5）中立、客观地整理归纳议题。

（6）艺术、灵活地询问对方相关的问题，以便进一步确认其想法。

（7）通过软磨硬泡的方式测试对方立场的坚持度。

（三）异议处理

1. 常见的异议处理步骤。针对客户的异议，可遵循以下步骤进行处理：

（1）诚恳有礼地倾听客户的反对意见，保持冷静与耐心，寻找对方关注的重点。

（2）深度思考对方的反对意见，对意见进行评估或考量。站在客户的角度考虑问题，感受并分担对方在反对意见中存在的顾虑，鼓励对方说出持反对意见的真正理由，理解对方的观点，建立共同价值，从而取得信赖。

（3）提出问题，将对方的反对意见转换为一道问题，以提问的方式请教对方。

（4）帮助对方，与对方共同去回答上述问题，用专业的态度阐明双方共同的立场。

（5）掌握时机，提出一个需要达成共识的问题。若无进一步的反对意见，即可进入后续的谈判环节，如仍有反对意见，则回到步骤（4）。

2. 常见客户异议问题与处理示范。

（1）如何保证推荐的人选一定合适？

参考话语艺术范例

我们是按照定制化的程序为客户服务的，我们内部有一套严格的操作流程，顾问在接到客户的项目后，有以下五个环节要做：

第一，详细了解客户职位的个性化需求和客户公司及行业的资料；

第二，根据这些资料分析并找出行业内标杆或者相似的目标公司；

第三，找到目标公司该职位的人；

第四，了解这些人的情况和意愿；

第五，结合人选意愿及背景调查，推荐给你们3～5个最合适的人选。最后能给到你们的人选一定是行业内资深、业绩突出、职业生涯向上发展、综合能力优秀的人。①

在最终人选到岗后的前期磨合阶段，我们的顾问会帮助人选做融入工作，关注人选的心态，及时解决磨合阶段出现的小问题。

(2) 初次合作，能否先推荐几份简历看看再决定？

参考话语艺术范例

猎头职位是定制化的需求，在向客户推荐人选之前，我们会详细了解客户的需求，分析适合客户的人选要求。然后再结合这些人选意愿和职业规划，最终确定可以推荐的人选，将之给到客户。

贵司的职位需求肯定有独特的标准，如果先给您简历，既不能满足你们的需求，也不能代表我们的专业和拥有的资源。但是，如果我们合作，我们可以先签合同，之后，我们公司内部会安排顾问团队按照流程，做职位的需求分析、目标公司分析、人选寻访、面试评估等工作。

这样我们将以最快的速度向你们推荐适合且精准的人选，最终帮贵司解决高端职位招聘的问题。如果您对我们公司有哪些不了解或有疑问，我们可以上门去拜访您，当面讨论，或者您也可以先从行业内了解一下我们的口碑。

(3) 我们已经有固定的猎头公司在合作了②。

---

① 此话语艺术范例中的行业信息，行业中标杆企业信息可以在上文中提前了解，这样在沟通的谈判过程中也可以提前熟悉岗位，甚至可以避免踩到一些企业间矛盾的"雷"。

② 知己知彼，信息对称非常重要，如果可以提前了解该企业所固定的合作猎头公司的信息，就可对竞争猎头公司的团队成员、企业规模、发展情况、擅长领域等提前做好功课，方便在谈判过程中直接与我们所属公司进行对比。该企业在已有固定合作猎头公司的情况下，仍然愿意与我们进行接触，并将彼此间的沟通推进到谈判这一程度，就大概率是有换猎头公司或者新增猎头公司的打算。

参考话语艺术范例

你们与目前的猎头公司合作的效果怎么样？该猎头公司推荐人选的速度和质量怎么样？是不是你们的所有职位都能又快又好地推荐人才？请问公司现在是否有比较急或难的职位？如果您有，可以尝试先和我们合作一个项目。我们是本土的猎头公司，团队有多年为本土客户服务的经验，对本土企业的文化、用人理念都有深度的了解；同时，我们只专注做地产和制造业两个行业，在这两个行业有着丰富的人脉资源和项目经验；另外，我们的顾问团队都是行业的资深从业者，年龄适当、性格成熟、稳定。

因此，我们可以更快更准地帮企业找到合适的人选，也可以为您及时地完成中高级人才的招聘任务提供可靠的保证。

（四）核心条款的谈判

1. 定金。收取定金并不是最终目的，因而定金不一定是必需的。目前，中国猎头行业几乎都是以结果收费，要客户预付费用已经非常困难。但是，通过谈判成功获取定金能帮助猎头公司很好地规避风险，也能让客户下定决心使用猎头公司业务，为项目推进奠定基础。

参考话语艺术范例

客户：我们是不付定金的。

顾问：现在，正规的猎头公司都有收预付款，当然，也有一些不收预付款的。一个企业委托给猎头的职位一定是急需的或者难找的，而猎头服务是定制化的服务，猎头行业的人力成本就是最大的成本，前期是要投入大量的人力和时间的，如果不收预付款，猎头对客户的服务投入一定有所保留，这样就会影响到找人的速度和质量，企业找猎头公司合作，就是想以最快的速度找到最合适的人选。

如果因定金问题而影响人选的质量，就会间接影响我们公司未来的发展。而我们公司在收了预付款之后，会对这个客户负责到底，以服务质量保证客户最快找到最合适的人选。

2. 服务费。服务费的高低往往是客户谈判关注的重点，所有的客户都希望花更少的钱办更多的事，面对客户的讨价还价，我们需要充分呈现公司的价值。

参考话语艺术范例

客户：你们25%的收费太高了，我们对比过别家猎头公司，它们的收费都比你们低。

顾问：25%的收费不是猎头行业的最高收费。行业内确实有一些公司收得更低。我们的收费和服务是成正比的，之所以收25%的费用，是因为我们有好的团队和高质量的服务：我们的顾问团队都是行业的资深从业者，年龄合适，性格成熟、稳定。

在服务质量方面，我们严格按照定制化的程序为客户服务。我们内部有严格的操作流程，顾问在接到客户的项目后，会先分析适合的目标公司，然后把行业内的人选查找一遍，并对人选的背景与业绩做调查和核实，说服合适的人选，最后向你们推荐3~5个最合适的人选。但是，有些收费低的猎头公司的猎头顾问都是应届毕业生，在操作流程上，他们往往会在网上随便找一份相关简历给到客户，不保证能成功为贵公司推荐人才，如此就会耽误您完成招聘任务的时间；或者虽然招聘到了人，但如果人选质量不过关，导致后期您的工作质量受到老板的质疑，这将给您本人带来不必要的麻烦。

我们虽然收费高一些，但是严格按照高标准操作项目，可以保证更快更准地帮客户找到合适的人。所以说，一个合适并称职的经理人帮企业创造的价值就不是几个点猎头费用的差别了。

3. 保证期。客户都希望保证期越长越好，作为商务拓展顾问要结合推荐人选的试用期，将保证期控制在合理的范围内。

参考话语艺术范例

客户：你们的保证期只有3个月，太短了。

顾问：3个月的试用保证期是猎头行业的行规，同时符合劳动法规定的试用期。而且3个月的时间可足以看出推荐的人是否合适，如果不合适，我们会重新推荐，直到你们认为满意为止。

您和推荐的人选在3个月内做出是否可以长期合作的决定，对贵司只会有利。因为，若合适，贵司尽早确认并委以重任，人选就能更快地进入状态并融入贵司，更快地帮贵司创造价值；若不合适，则尽快使其让位给合适的人，这样可以更好地保护贵司的业务资源、商业机密，也可以最大限度地降低用人成本和其他的隐性成本。

4. 付款期限。越短的付款期限对猎头公司越有利。在谈判中，应具体结合客户的常规财务制度，为自己在合同中争取有利的付款周期。

常见条款有：

（1）为保证有效开展猎头服务，甲方须于本合约签署之日起两个工作日内，先向乙方支付寻访定金。

（2）从乙方所推荐的候选人办理入职手续之日起三个工作日内，乙方向甲方开具扣除税点的合同金额的有效发票，甲方在收到乙方开具的这一有效发票后五个工作日内支付。

（3）乙方推荐的候选人到甲方入职并通过保证期起三个工作日内，乙方向甲方开具剩余的招聘服务费的有效发票，甲方在收到乙方开具的有效发票后五个工作日内支付剩余的招聘服务费。

三、实训内容、实训方式、实训步骤及实训要求

（一）实训内容

异议处理系列问题。具体如下：
（1）你们的收费比其他猎头公司贵。
（2）你们的保证期太短了，我希望保证期是 6 个月。
（3）我们要求服务费分期支付，而不是一次性支付。
（4）我们以前和猎头公司合作都没有付过定金。
（5）我们现在没有招聘需求。
（6）能不能先推荐几个人我们看看？
（7）你们如何保证推荐的人一定合适？

（二）实训方式

情景模拟、角色扮演、头脑风暴。

（三）实训步骤

（1）每个小组内部成员分成两两一队。
（2）针对以上客户提出的异议问题，分别扮演猎头顾问与客户，对异议问题进行话语艺术演练。

(四)实训要求

(1)培养处理常见异议问题的能力。

(2)充分洞察客户提出异议背后的信息和真实原因。

四、实训时间及成绩评定

(一)实训时间

建议本项目的实训时间为2个课时。

(二)实训成绩评定

现场根据组员对异议问题处理的反应、处理问题的能力进行评定。

【实训项目9：我的复盘】

我的实训项目复盘

"猎头顾问成长记Ⅰ"系列(10)

合同签订"坑"多多

近几年,我听过太多有关纠纷的新闻,比如借钱不还、财产纠纷、合伙人纠纷、离婚纠纷等,这些案例给我上了活生生的反面合同课。因此,当看到"合同拟定及签订"实训项目时,我一脸认真。

在职业导师李依可(Leo)的指导下,我梳理了在合同签订中众多的"坑",以及这些"坑"可能存在的风险。

我牢记葆华老师在"现代猎头原理与案例"课堂上所说的:如果有小伙伴将来准备从事猎头行业,务必从现在开始梳理好自己的工具箱,把寻访环节工具化,将来可以节省很多时间、精力。

这不,我灵感一现,合同"坑"表大全就产生了。

表3-1 合同中的"坑"

序号	"坑"名	可能存在的风险	风险预防策略
1	候选人推荐的有效性	合作愉快(蜜月期)还好,如果闹纠纷(闹分手)了,就扯不清了	界定相关概念非常重要,只有界定清楚了相关概念,比如有效推荐、无效推荐、无效候选人、保护期,合同纠纷中的很多约定条款才会无效。
2	候选人推荐的有效期	行业规则一般是3个月,如果没有这条约定,企业客户可能会"黑"候选人,即录用了候选人,却不支付服务费。	全力争取在合同中标注清楚这一条款,一旦客户录用,就必须支付猎头费用
3	候选人的保证期	可能会被无限次重复推荐候选人	根据行业惯例,候选人的保证期为3~6个月,具体可以随级别不同而另行约定。关于责任界定,必须细分
4	保密条款	泄露猎头顾问及候选人的信息	所有的权利和义务都是对等的,保密条款对猎头公司和企业客户都是适用的

续上表

序号	"坑"名	可能存在的风险	风险预防策略
5	违约条款	没有违约责任，可能会变成无限期地赖账	合同条款中写上违约滞纳金，一般滞纳金为款项的3%～10%，可为以后写催款函提供依据
6	合同主体	主体不清，可能导致最后收不到钱	签订合同前，一定要弄清楚是为谁提供服务，谁是最终付款方
7	付款方式	要挤出有限的时间和花精力催项目款	确定是预付费模式还是结果付费模式？对前者，采取"三三制"（即根据业务流程的前、中、后三个阶段），写清楚条款；对后者则争取一次性付款
8	附加风险	前后矛盾、冲突，你可能被附加了风险	原本已经结束的项目合同，突然来一个附件，或者是附加文件，这时务必仔细斟酌附加条款

合同中的"坑"虽然梳理完了，但我知道接下来还会有无数的未知的"坑"。我只能在项目进程中一路前行一路"扫雷"，尽量不入"坑"。

实训项目10　合同拟定及签约

合同谈判需要猎头顾问有能力洞察客户的两个点，即需求点和痛点。所谓需求点，是指客户在特定时间点最迫切的需求是什么。而所谓痛点，就是客户在招聘人才上最大的困难是什么。

——编者

一、实训目的

（1）了解自身所在猎头公司的合同模板，并能概括和提炼其中的核心要点。

（2）熟悉基本的猎头合作模板，能在今后的实际工作中迅速依据与客户的谈判结果制定并签署合同。

二、实训加油站

（一）合同的准备

完成谈判与合同的确认是两回事，确认了合同才是谈判的结果。猎头行业的合同条款基本一致，每家公司都会有自己的标准合同模板。作为商务拓展顾问或猎头顾问，必须非常熟悉常规的合同条款，根据谈判结果修改合同，并交办公司法务审核确认。

通常合同模板有三种：第一是由客户提供的合同模板；第二是由猎头公司提供的合同模板；第三是由双方重新共同起草的新合同。

切记，不管合同是依据对方所提供的模板，还是重新起草的模板，都应在签订合同前由自己所在公司的法律顾问进行确认，确认无误之后再签订。

（二）合同风险控制

1. 推荐的有效性。合同条款应与客户明确何为候选人的有效推荐及所推荐候选人的保护期，如：第一种有效推荐是指乙方（客户）通过甲方（猎头公司）的招聘系统，推荐并经甲方系统或甲方人力资源部门审核后接收的有效候选人的简历。无效候选人为甲方两年内离职员工或外包员工，目前在职外包员工。第二种有效推荐是指在合同有效期内（包括续签后的合同的有效期内），经过乙方有效推荐的候选人，自推荐之日起半年内（海外候选人一年内）为保护期。

2. **保密条款**。乙方有义务根据甲方的要求，对甲方招聘的相关信息保密，甲方也应在候选人入职前对猎头顾问与候选人信息保密，以免对候选人造成不必要的影响。

3. **违约条款**。合同条款中应清晰划分甲乙双方的责任，针对其中可能会给对方造成损失的部分，如甲方逾期付款、甲方在有效期内不告知乙方的情况下聘用乙方推荐人选等进行对应的赔偿或做出其他的约定。

4. **保证期约定**。保证期是猎头公司为企业推荐人选录用后保证的时间。合同条款中要对保证期进行约定，通常保证期为3个月，针对级别较高的职位也可另行约定。候选人在保证期内离职，猎头有义务对该职位进行相应的人选增补。通常保证期越长，对企业越有利，而企业也希望有相对更长的保证期限。

5. **附加风险调控**。有一些合同会有附加条款，应务必了解附加条款是否存在潜在风险。

三、实训内容、实训方式、实训步骤及实训要求

（一）实训内容

（1）实训情景资料介绍。
（2）拟定及签订。

（二）实训方式

头脑风暴、网络搜索、模拟实践。

（三）实训步骤

（1）熟悉各种类型的合同模板。
（2）熟练掌握合同的核心条款细节与条款的变化形式。

（四）实训要求

（1）能及时根据谈判结果对合同条款进行相应的修改。

（2）能快速、精准地发现课堂上所提供的合同实例中的漏洞、对乙方不利的条款。

（3）能独立拟定合同。

四、实训时间及成绩评定

（一）实训时间

建议本项目的实训时间为 2 个课时。

（二）实训成绩评定

1. **组成评分委员会**。由教师及各小组组长组成评分委员会（展示组不给本组评分），一起审核各组草拟合同。
2. **成绩评定点依据**。
（1）各小组拟定、审核合同条款的严谨性。
（2）各小组发现、规避及处理合同风险点的能力。

【实训项目10：我的复盘】

我的实训复盘

附件：

常见猎头服务合同模板

甲方（委托方）：

地址：

邮编：

电话：

传真：

代表人：

乙方（被委托方）：

地址：

邮编：

电话：

传真：

代表人：

甲方因业务发展的需要，委托乙方招聘甲方所需人才。为做好该项工作，经甲乙双方友好协商，就以下条款达成一致意见并共同遵守。

1. 委托指定

甲方委托并指定乙方为甲方提供本协议规定的猎头咨询服务。

2. 服务内容及双方应承担的责任

2.1 甲方的权利和义务

2.1.1 甲方应严格执行国家的有关人事政策、法律法规；

2.1.2 甲方对候选人的各项要求应尽量明确，其中薪资待遇和福利条件应与委托的职位相当；

2.1.3 甲方按照本合同的约定及时支付服务费；

2.1.4 甲方不得将乙方提供的人才信息转递给其他公司，不得转手推荐，否则视甲方违约，并向乙方支付3倍的服务费。

2.1.5 甲方应在收到乙方提供的候选人资料后5个工作日内，做出是否与已有人才资料重复的判断，并提供相应简历，否则视为乙方推荐。

2.1.6 甲方在收到乙方提交的候选人资料后，应在5个工作日内给予乙方答复。如果候选人合格，应在10个工作日内确定面试时间，并告知乙方。

2.1.7　甲方应将乙方推荐人选的面试结果及未录取人员的情况及时反馈给乙方，如提供候选人不合格，应明确告知乙方该人选的不适合的主要因素。

2.1.8　甲方在被推荐人正式录用前，需为其保密，以保证候选人在原单位的稳定。因甲方原因造成被推荐人信息泄密，甲方应负相应责任。在经过候选人同意的情况下，甲方可以对候选人提供的原单位职员进行背景调查，调查前应告知候选人和乙方。

2.1.9　乙方向甲方提供的人才资料有效期为12个月，若甲方在人才资料有效期内聘用曾被其拒绝的人才时，甲方应于聘用前通知乙方，并向乙方支付本协议规定的服务佣金，否则视甲方违约，甲方应就其违约行为向乙方支付3倍的服务佣金作为违约金。

2.1.10　甲方接受本协议后，有义务对乙方提供的人才信息及本协议内容严格保密。

2.2　乙方的权利和义务

2.2.1　乙方应严格执行国家规定的有关人事及招聘政策、法律法规。

2.2.2　乙方应根据甲方的要求，为甲方空缺职位提供合适人选，保证所推荐人选的质量。

2.2.3　乙方应在接到甲方的招聘职位信息后，在14个工作日内向甲方提供推荐人选报告。

2.2.4　乙方对已经被甲方确定录用（口头或书面通知）或经面试后即将进入下一轮面试的人员，乙方不得推荐给任何第三方公司单位。

2.2.5　乙方需协助甲方组织并安排候选人的面试。

2.2.6　乙方应根据甲方的要求，不得泄露任何有关甲方的商业信息与薪酬信息。

2.2.7　乙方保证将采取适当的行动，以指示或与其职员订立协议的方式确保所有的参与本合同工作的职员受本合同条款规定的约束，并服从本合同的所有条款规定。

2.2.8　乙方成功推荐候选人之后，该候选人在甲方公司任职期间1年内，乙方不得将该候选人转推荐给第三方。

2.2.9　在甲方决定录用乙方推荐人选时，乙方应在征得候选人同意的情况下对候选人进行背景调查，并出示背景调查报告。

3. 费用支付条款及方式

3.1 单项服务费用

3.1.1 甲方成功聘用乙方推荐的候选人后,甲方向乙方按每人每一职位支付服务费用标准为被雇佣者年薪税前总收入的 23%。

注:

(1) 工资总收入包括工资、各种津贴、奖金、提成等收入。

(2) 本合同所称的成功聘用是指甲方与乙方推荐的候选人签订了聘用通知书,并且该候选人员已正式在甲方工作(含试用期)。

3.1.2 乙方向甲方收取每一职位的服务费用不低于 3 万元人民币。

3.2 其他费用

乙方在提供本合同约定的服务时实际发生的所有费用,如广告费、差旅费等,须经甲方事先书面同意,方可由乙方向甲方收取。

3.3 支付方式

(1) 乙方在收到甲方发出的每一位被聘用人员开始在甲方工作的通知之日起 3 日内,应向甲方发出付款通知书,甲方应在收到付款通知核实无误后的 15 个自然日内一次性付款。若甲方逾期付款,每逾期 1 天,甲方按应支付款项的 0.3% 向乙方支付滞纳金。如金额有误,甲方应在收到付款通知后两个工作日内通知乙方。

(2) 所有付款以转账支票方式支付,或通过银行汇至以下账户。

账户名称	
账号	
开户行名称	

4. 服务保证

4.1 保证期限 3 个月。

4.2 若乙方推荐人选被甲方录用后 3 个月内因个人原因离职,且甲方已向乙方支付了该候选人的服务费用,则甲方应在 5 个工作日内书面告知乙方。在接到甲方通知后,乙方需继续为甲方免费寻找该职位(仅限于与前任离职人选相同职位且薪资水平相同的情况)候选人作为替换,如未被成功聘用,甲方有权要求乙方无条件返还甲方已支付费用的 50%;或选择将已支付费用的 50% 款项转作甲方其他岗位的招聘费用,该费用具体使用方式由甲方决定。

4.3 依据本条第 2 款约定免费推荐成功的候选人，不在服务保证范围内。

5. 协议的终止及续约

5.1 本协议自签署之日起有效期为 12 个月（合同到期后，若双方对合同无异议未有修改，合同自动延期 1 年）

5.2 甲乙双方不得擅自修改或解除协议，否则，违约方向守约方支付 1 万元违约金。协议中如有未尽事宜，须经双方协商，做出补充规定；协议执行中如发生纠纷，当事人应友好协商解决，协商解决不成时，任何一方均可将与本合同有关的一切争议提交广州市天河区人民法院诉讼解决。

5.3 本协议一式两份，甲乙双方各执一份为凭。

5.4 本合作协议经双方代表签字盖章生效。

甲方（签章）：　　　　　　　　乙方（签章）：

甲方代表签字：　　　　　　　　乙方代表签字：

签订日期：　　　　　　　　　　签订日期：

【模块总结】

谈判签约主要包括谈判准备、谈判沟通、合同拟定及签约四个实训项目的内容，这些内容层层递进，不断深入。

谈判签约是猎头服务流程中非常重要的一个环节，不仅可以更深入地了解双方的需求，而且相关文字条款的落实可以更好地确保双方的权益。

通过此模块的实务实训，猎头顾问可以完整地了解谈判签约的整个流程，从而明白自己在谈判阶段需要做哪些工作。

此外，通过模拟实践、角色扮演等体验式实训方式完成本模块内容，可以进一步提升学生举一反三、融会贯通的能力，增强其将来成为猎头顾问的动手能力。

【模块感悟】

我的模块实训感悟

模块四　项目管理

【模块框架】

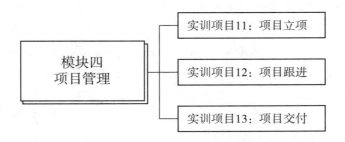

【模块目标】

- （1）了解猎头顾问项目的管理流程。
- （2）掌握猎头顾问项目管理的技巧。

"猎头顾问成长记 I"系列（11）

找对队友——立项目、建团队

　　回顾大学课堂所经历过的那些小组作业，我冷不丁就会冒出一个词"搭便车"，相信团体中的很多小伙伴都有类似的感受。

　　现在是真刀实枪在进行项目实战了，如果有选择的机会，我肯定不会要这样的队友了。

　　有句话说"越长大越孤单"，要找到志同道合的团队成员，还真不容易。幸运的是，能像我一样选择人力资源管理专业现代猎头方向、又经过测评能入围的小伙伴，在"三观"、秉性等方面还是有许多共同之处的。

　　为了让我的项目团队更加专业，今后的工作更加高效，我在李依可（Leo）导师的帮助下，按照九型人格的类型（完美型、助人型、实干型、浪漫型、观察型、怀疑型、享乐型、领导型、调停型）进行团队成员物色与组建。严格意义上来说，并不是所有人都适合做猎头顾问的。

　　恍惚之间，我觉得我们这个蛮像《西游记》中西天取经的团队组建起来了。

　　完美型的唐僧：目的明确，意志坚定，不达目的不罢休；但过于计较细节、没完没了地批评他人的瑕疵（比如，无论徒弟三人做了什么，都会有一大堆佛理教导他们），有一种强迫性需要，只接受正确的事情。

　　成就（实干）型的孙悟空：恃才傲物，不服从管理（比如，多次撂挑子直接回花果山），讲究效率，喜欢走捷径（比如，曾多次游说唐僧让其用跟斗云，瞬间到达西域），看重自己的表现和成就（比如，刚学会七十二变就开始唪瑟显摆），喜欢竞争（比如，和如来佛祖打赌）。

　　活跃（享乐）型的猪八戒：乐观开朗、风趣幽默、好吃懒做，注重外表（比如，佩戴个性的饰品、穿着鲜艳的服装等，喜欢引人注目；在高老庄的时候，还在头上带朵花，一遇到好看的妖精就想办法打扮自己）。

　　和平（调停）型的沙僧：毫不利己，专门利人；工作踏实；任劳任怨（比如，在西天取经的路上，所有的行李一直都是由沙僧扛着的）；善解人意；性情平和、与世无争；谦让；容忍力强；善于聆听，不爱表现；富有同情心；优柔寡断；关注他人的立场，能压抑身体的能量和怒火。

　　回到现实，我觉得一个团队要配备基本的角色，如果重合度过高，后续可能会出现很多不愉快的经历。到底该如何着手呢？稚嫩的我又要请教李依可（Leo）职业导师了。

李依可（Leo）导师那是相当给力啊，立马就拿来了一张《健康团队的角色分配表》，把团队角色成员需要具备的条件、存在的通病、最适合的性格全部一一标注清楚。接下来，只需要我根据所学的知识不断识别合适的团队成员了。

合适的人做合适的、擅长的事是最有效率的，短短的一周，我经过频繁地接触、了解，对人员素质测评摸底，终于组建了一个6人项目团队。

解决完团队组建的事情后，我开始弄清楚项目立项的基本知识、流程和注意事项了。

李依可（Leo）导师根据实训项目的需要，给我的项目团队讲解了项目管理的基本步骤、招聘项目方案需要确认的关键细节、项目管理的沟通机制。最后，她要求我的项目团队根据客户委托的招聘岗位撰写《招聘项目计划书》，填写招聘项目进度表，以及建立项目成员沟通机制、内部项目管理机制，并要求全部用书面文字版本呈现。

我和团队成员相视一笑，这下工具包又可以发挥作用了，设计精美的甘特图也可以上线了。经过内部团队成员的短暂分工，大家开始忙碌起来了。

忙碌的我发现李依可（Leo）导师真是一个万能智慧宝库啊，凡是遇到不懂的问题，到了导师这里基本都能找到解决方案，难道这就是经过实战千锤百炼成长的见证么？

我的眼中满是星星，对李依可（Leo）导师越发地钦佩，同时也期待自己有朝一日能达到这种境界。

实训项目 11　项目立项

　　学会使用项目的思维，不仅有利于促进团队协作和有效沟通，而且有利于管控项目风险。

——编者

一、实训目的

（1）能够通过建立沟通机制，同时管理多个项目，系统性提高团队的办公效率。

（2）能够建立项目，并对不同的工作任务进行协调和控制，提高目标达成度。

（3）掌握常见的工具表格的设计，能够根据实际情况灵活变通，最终解决问题。

二、实训加油站

（一）项目管理的基本步骤

第一阶段：确定项目任务。
（1）项目组团队全体成员共同确定项目任务。
（2）核实是否拥有完成项目所需的各项能力和技巧。
（3）把项目所涉及的主要任务形成书面文件，确保成员知晓并签收。

第二阶段：项目规划。
（1）对项目资源进行分配。
（2）把责任落实到每一个人。
（3）确定项目进度表，确保成员知晓并签收。

第三阶段：项目实施。
（1）通过头脑风暴或例会的形式，使团队成员之间进行深入的沟通。
（2）任何团队成员都不要隐瞒问题，避免影响项目的实施。
（3）项目实施过程中一旦出现问题，不要推诿、抱怨，而是要纠正错误，重点是要解决问题。

第四阶段：项目评估（复盘）。

（1）对项目进程进行评估。

（2）对项目的利益进行评估，确保管理层知道团队所创造的价值。

（3）对项目团队成员的工作进行评估，查缺补漏，加强优势，弥补劣势。

（二）招聘项目方案

拿到客户需求并签约后，为了双方可以更高效地协同，确保合作的成效，项目团队需要为企业客户提供招聘项目的方案。

招聘项目方案具体需要确认的关键细节内容如下：

（1）与客户再次确认委托岗位的要求和岗位职责（如果可以，最好能获取客户的岗位说明书）。

（2）与客户确认招聘委托岗位人员的汇报对象。

（3）与客户确认委托岗位的薪资待遇及架构。

（4）与客户确认委托招聘岗位的工作地点。

（5）与客户确认招聘项目计划书（见表 4-1）和项目进度表（见表 4-2）。

（6）与客户确认整个项目双向配合的时间点。

（7）与客户确定整个招聘项目双方的对接人员。

表 4-1 招聘项目计划书模板

项　　目	××机器人科技有限公司招聘项目计划书
	××机器人科技有限公司海外销售总监
项目背景	××机器人科技有限公司的消费级无人机产品将于11月发布，目前消费级无人机市场分为国内市场及海外市场，国内销售市场已由公司营销副总裁负责管理，现需要招聘海外销售总监一职，采用猎头途径获取符合岗位要求提供候选人的资料，筛选并招聘到合适的人选到岗
项目成员	××人力资源服务有限公司猎头项目经理：李依可（Leo） ××人力资源服务有限公司猎头做单顾问：林娜娜（Linda） ××人力资源服务有限公司顾问助理：吕莎莎（Lisa） ××机器人科技有限公司企业招聘经理：姚幼英（Yoyo）
项目流程	职位分析/职位要求 1. 海外销售总监人选的招聘要求

续上表

	××机器人科技有限公司招聘项目计划书
项目流程	（说明：本教程案例仅提供简单的参考案例，学员在实训时可根据互联网进行丰富和补充，充分发挥所学专业进行深度挖掘） （1）具有消费级无人机或消费类电子行业的海外市场拓展及销售管理经验 （2）对海外消费类电子产品市场及品牌运作有深入了解 （3）具有一定的海外市场消费级无人机或消费类电子行业的客户资源和人脉关系 （4）年轻、有冲劲、具有国际化视野 （5）无障碍的英文沟通能力 （6）企业希望候选人的到岗时间为今年11—12月 （7）职位的薪酬预算60万~70万元/年（税前） 注：实际上，我们的薪酬待遇问题还需要继续细化。比如，是年薪制还是月薪制（一般这个级别都是年薪制），根据年薪制的发放规则，其中基础薪资是多少，绩效考核的比例是多少，考核时间和考核形式是什么，除此之外，待遇和福利包括企业的基本福利信息以及该岗位是否有股权或者年终分红，有分红的话，具体怎么分 2. 市场人才区域分布调研 （说明：本教材案例仅提供简单的参考案例，学员在实训时可根据互联网进行丰富和补充，并进行大数据解读） （1）锁定具备岗位胜任能力候选人在职公司，进行目标猎取 （2）目标公司 　　1）具有竞争关系的公司。如黑马、Yunaac…… 　　2）具有类似竞品的公司。如 GoPro（运动相机）、OPPO…… 　　3）具有相同客户的公司。如航模销售公司、暴雨魔镜 &HAC（VR）、美视（VR）…… 3. 市场人才薪酬调研 （说明：本教程案例仅提供简单的参考案例，学员在实训时可根据互联网进行丰富和补充，并进行大数据解读） 搜寻目标公司目前已经担任海外市场销售负责人的背景，并了解他们的薪酬范围 如：黑马创新负责北美市场销售总监的薪酬范围在30000~40000元/月

续上表

	××机器人科技有限公司招聘项目计划书
项目流程	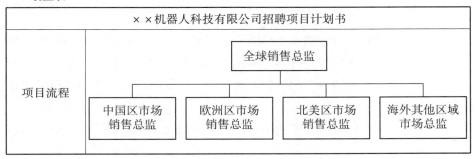

表4-2 招聘项目进度模板

任　务	时　间	结　果	跟进人
人才区域分布调研	1.5天	制定目标公司的人才地图清单	钟莉莉（Lily）
人才薪酬调研	2天	确定人才地图清单中潜在人选的薪酬区间	钟莉莉（Lily）
候选人资料筛选	1天	完成对目标候选人资料的筛选	李依可（Leo）
顾问初步面试	2天	完成对目标候选人的电话面试或视频面试	李依可（Leo）
重点候选人面试评估	2天	完成对待推荐候选人的深度面试评估	李依可（Leo）
推荐给客户	1天	完成对待推荐候选人的评估报告	戴伟铭（David）
客户反馈	1天	给出猎头公司猎头顾问推荐候选人初步反馈意见	姚幼英（Yoyo）
客户面试	3～5天	完成对目标候选人的面试评估	姚幼英（Yoyo）
面试反馈	1天	将已面试候选人的面试评估意见反馈给××公司李依可（Leo）顾问	戴伟铭（David）

说明：这是一份较简单的日程表，仅供参考。实训时，此表的内容和形式可更加丰富多样。

（三）项目沟通管理机制

沟通是决定项目成败的重要因素之一。因此，必须在项目部门内部、部门与部门之间，以及项目与外界之间建立沟通渠道，能够快速、准确地传递沟通信息，以使项目内各部门达到协调一致，并使项目成员明确各自的工作职责。

与客户一起制定项目沟通的形式，确定沟通及反馈机制，以此设定和管理客户的期望值。

1. 建立项目沟通管理机制的目的。

（1）邀请客户参加项目启动会，获取项目的背景介绍。

（2）与客户在项目启动会议上一起确定招聘项目的优先级。

（3）根据客户项目的紧急程度制定项目进度表。

（4）与客户沟通的信息须用文字或数据的方式整理成邮件发给客户确认，以确保沟通达成共识的信息可以及时被收集、整理、共享，并具有可追溯性。

2. 内部项目团队管理机制。

（1）建立猎头公司内部项目管理机制，确保客户委托职位按招聘项目方案的时间节点交付。

（2）建立内部沟通机制，确定项目例会时间，定期回顾招聘进展。

（3）按照为客户建立招聘项目方案推进整体的工作安排。

（4）建立预警机制，如果遇到项目推进困难或有障碍，要及时反馈给项目经理，以便提前制订解决方案。

（5）由项目经理负责协调团队内部资源，确保推荐交付工作顺利进行。

三、实训内容、实训方式、实训步骤及实训要求

（一）实训内容

实务实训情景资料介绍

你成功地与××机器人科技有限公司签订合同，××机器人科技有限公司委托你所在××企业管理咨询顾问有限公司（××）为其招聘海外市场总监，要求两周内完成推荐。你公司戴伟铭（David）团队最擅长该行业职位，在客户开拓过程中，戴伟铭（David）自己操作的成功案例为合同的成功签

订起到了非常大的作用。你作为该招聘项目的项目经理，希望能让戴伟铭（David）亲自操作该岗位，但在项目立项前，戴伟铭（David）表示自己目前操作的项目已经饱和，该项目将无法保证在客户要求的时间内交付该项目，并建议你尝试让自己团队资历偏浅的顾问林娜娜（Linda）进行交付，推荐的理由是林娜娜一直配合戴伟铭（David）在推进一些项目，对市场情况也比较了解。在这样的背景下，需要建立项目来确保客户交付。

情景资料提示：

1. ××机器人科技有限公司为虚拟公司，实训的同学可自行设定公司的名称，并搜索该岗位相关资料。

2. ××企业管理咨询顾问有限公司为虚拟公司，实训的同学可自行设定公司的名称，并依此作为你所属公司的资料介绍。

3. 本实训情景资料中的"海外市场总监"岗位不可更改，全体同学需以此为目标岗位进行实务实训操作。

（二）实训方式

小组练习、头脑风暴、小组展示、模拟演练。

（三）实训步骤

（1）为客户委托的招聘岗位制订《招聘项目计划书》及《招聘项目进度表》。

（2）建立项目成员沟通机制，要有明确的规则以确保能与项目成员达成共识。

（3）建立内部项目管理机制，要有明确的分工及复盘计划。

（四）实训要求

1. 能够完整地完成《招聘项目计划书》及《招聘项目进度表》的制订。

2. 能够将"项目成员建立的沟通机制"和"内部项目管理机制"有条理地做口头及文字说明。

四、实训时间及成绩评定

（一）实训时间

建议本项目的实训时间为 6 个课时。

（二）实训成绩评定

1. 《招聘项目计划书》和《招聘项目进度表》内容的完整性。
2. 是否制定了项目成员的沟通机制以确保内部沟通的流畅并达成共识？
3. 是否建立了内部项目管理机制？是否有明确的分工及复盘计划？

【实训项目 11：我的复盘】

我的实训项目复盘

"猎头顾问成长记Ⅰ"系列（12）

项目跟进：过程管理、目标量化

我和我团队的小伙伴们磨合得差不多之后，李依可（Leo）导师给了一个项目让我们亲自操盘。

因为李依可（Leo）导师所属公司很多涉及法务的事情都已经外包给了专业的律师事务所，因此，我们只要在公司原有的合同模板基础上进行修改，然后把修改后的合同交给专业的律师进行审核就可以了。专业的人做专业的事。

合同签了，项目立了，但并不代表就万事大吉了。

我和我的小伙伴们都非常清楚，这个项目的确完全得益于李依可（Leo）导师的支持和帮助。接下来到底做得怎么样，就要看团队成员自己了。

在李依可（Leo）职业导师指导下，我们使用甘特图工具做了一份过程进度表（见表4-3），作为该项目的日常管控。

表4-3　××招聘项目过程进度

模块	细分项目	任务描述	责任人	天数	2021年10月（27天）								
					1	2	3	4	5	6	7	10	11	12	13
前期工作	制定项目计划书	提供招聘项目计划书给企业	张三	2											
	签订招聘项目合同	与企业签订招聘项目合同	李四	2											
	洽谈定金支付	合同签订后两天内支付定金	王五	1											
	人才区域分布调研	制定目标公司的人才地图	赵六	1											
	人才薪酬调研	确定人才地图中潜在人选的薪酬区间	孙七	1											

续上表

模块	细分项目	任务描述	责任人	天数	2021年10月（27天）									
					1	2	3	4	5	6	7	10	11	12	13
中期工作	候选人资料筛选	完成对目标候选人资料的筛选	周八	1											
	顾问初步面试	完成对目标候选人的电话面试或视频面试	吴九	2											
	猎头顾问对重点候选人的预评估	根据面试情况，完成待推荐候选人的预评估工作	郑十	1											
	推荐给客户	完成对待推荐候选人的评估报告	琪一	1											
	客户反馈	给出××公司顾问推荐候选人的初步反馈意见	陈二	1											
后期工作	客户正式面试	协助企业完成目标候选人面试工作及评估工作	张三	5											
	面试反馈	将已面试候选人的面试评估意见反馈给××公司顾问	李四	2											
	谈妥候选人	协助企业谈妥候选人，与候选人确定劳动合同并核对细则	王五	2											
	候选人报到	确保候选人准时到公司报到，跟进候选人办离职手续	赵六	2											
	候选人跟进	跟进候选人在贵司的工作情况，并及时反馈给贵司，以帮助候选人平稳过渡	孙七	1											
	客户满意调查	收集反馈意见以提高我司的服务水平	周八	10											

（资料来源：广州南方学院2018级人力资源管理专业猎头顾问实训课程学生团队）

在最后的执行环节中，我和我的团队成员决定采用SMART工具进行管理，希望将项目管理做到具有明确性（S）、衡量性（M）、可实现性（A）、相关性（R）和时限性（T），以防时间过去了，工作却没太多进展，到时无法向导师和客户交代。

实训项目 12　项目跟进

立项了不等于能顺利结项，最好的办法就是过程管理，把所有相关要素都纳入甘特图工具，责任到人，并进行可视化过程管理，直至成功结项。

——编者

一、实训目的

（1）项目跟进是完成项目计划实施的动态过程管理。
（2）用量化的方式及控制的方法实现任务目标是项目跟进的常见方式。
（3）通过实训模拟掌握项目管理的基本程序和管理方法，提升自己的项目管理能力。

二、实训加油站

（一）建立项目例会制度

（1）明确例会的时间与参与人员，确保项目组成员的沟通信息同步。
（2）明确项目经理的职责及任务。
（3）每次例会都要将需要协调或推进的事宜、要达成的共识整理成会议记录，并以电子邮件的形式发送给与会的项目成员。
（4）项目经理在参会前要明确各个项目成员工作完成的进度。
（5）项目例会的形式可以根据项目实际情况而定，采用线下会议或者线上会议均可（自 2020 年新冠肺炎疫情防控以来，线上会议或培训已经成为一种新常态）。

（二）确定项目例会内容

（1）了解项目的进度是否按照项目进度表正常进展。
（2）项目工作分解到每个项目组成员具体的完成情况。
（3）若项目在进展过程中出现问题，项目经理需要帮助项目成员梳理问题，与大家探讨解决方案，然后确立可行性实施方案。
（4）项目经理需要在例会中督促项目成员取得工作成果，给项目组成员设置完成期限。

（5）每次例会之前，项目经理需输出项目进度报告给所有项目成员。

（6）形成会议记录制度，可以指定专人负责具体的记录工作，也可以让与会人员轮值会议记录工作。

三、实训内容、实训方式、实训步骤及实训要求

（一）实训内容 I

实务实训情景资料介绍

刚签约的企业客户××机器人科技有限公司的海外市场总监招聘项目的时间要求非常紧急，你却发现负责交付的顾问林娜娜（Linda）和她的助理吕莎莎（Lisa）一直将精力投入在另一年薪更高的销售总监职位上。从目前情况来看，林娜娜（Linda）并没有按照项目的时间节点来推进相关工作。

同时，你了解到这个海外市场总监职位也有其他猎头公司在同步做单，你担心项目无法按期交付将会影响客户的信任关系或被竞争对手捷足先登，这时，你需要召集内部项目成员一起沟通解决方案。

（二）实训方式

情景模拟、头脑风暴、小组展示、小组互动。

（三）实训步骤

（1）召集内部项目相关成员开会探讨解决方案。
（2）制订可行性解决方案，以确保项目如期交付。

（四）实训要求

按照之前制定的项目沟通机制进行项目回顾，通过本次项目会议，与项目成员一起找出解决方案，以确保项目最终可以如期交付。

四、实训时间及成绩评定

（一）实训时间

建议本项目的实训时间为 2 个课时。

（二）实训成绩评定

根据两个维度来评定实训成绩，分别是：
(1) 项目会议沟通内容的质量及完成会议的效率。
(2) 是否已经找到了该实训案例的有效解决方案，该方案的可行性如何。

【实训项目12：我的复盘】

我的实训项目复盘

"猎头顾问成长记Ⅰ"系列（13）

结果为王——你的项目交付了吗

有时，我其实很希望自己不用再惦记业绩，不用再操心客户和候选人。奈何理想美好，现实残酷，我内心明白，竞争的时代，放弃可能就意味着出局。

尽管自己只是一名大四的实习生，但是由于李依可（Leo）导师所在的公司需要关键绩效指标（key performance indicator，KPI）[①]，而这个项目是李依可（Leo）导师分给我们的，如果立项了，却无法顺利结项，除了KPI不合格，还会影响导师的年终奖金。说得深入一点，作为合伙人的李依可（Leo）导师还共同承担着公司昂贵的办公场地租金等开支。所以，为了锻炼自己，也为了一份信任，我们唯有全力以赴。

在项目跟进阶段，我们在李依可（Leo）导师的指导下，提前做了量化管理，通过甘特图把各个环节所需要完成的内容标注得非常清楚，也在相应的阶段通过电子邮件甚至是纸质资料通知了客户，并送去给对方予以确认。因而，项目交付应该是水到渠成了。

不过，我不敢大意。经过和项目团队成员头脑风暴之后，我们梳理了以下交付资料清单。

1. ××公司《招聘项目计划书》。
2. ××公司《招聘项目进度表》。
3. ××公司《阶段招聘项目付款通知书》。

梳理好交付资料清单之后，我和项目团队成员进一步讨论了项目交付可能存在的风险，并向李依可（Leo）导师寻求应对策略。

李依可（Leo）导师给出的建议是：以预防为主，提前预测风险点。同时，她也给出了几个风险点。

第一，交付能力评估。提前预估项目的可行性，尽量接团队力所能及的项目。

[①] 关键绩效指标，是指通过对组织内部流程的输入端、输出端的关键参数进行设置、取样、计算、分析，衡量流程绩效的一种目标式量化管理指标，它是把企业的战略目标分解为可操作的工作目标的工具，是企业绩效管理的基础。

第二，交付时间评估。如果是团队擅长的项目，则需要依据此项目的难度洽谈交付时间，一旦签订合同，则务必在交付时间前有结果。

第三，交付风险预测。做最坏的估算，预测各种可能会出现的风险，比如候选人的突发状况、候选人的背景调查出现问题等。

实训项目 13　项目交付

20 世纪是生产率的世纪，21 世纪是质量的世纪，质量是和平占领市场最有效的武器。

——美国著名质量管理学家约瑟夫·朱兰博士

约瑟夫·M. 朱兰、约瑟夫·A. 德费欧主编：《朱兰质量手册（第六版）》，中国人民大学出版社2014年版，第133页。

一、实训目的

（1）了解项目进展、执行过程并监控过程，以确保交付项目成果，即完成候选人的推荐及入职任务。

（2）掌握在项目交付环节中可能出现的各种问题，以提升风险管理能力，确保项目圆满完成，并收回客户应付的尾款。

二、实训加油站

建立项目管理的最终目的是完成项目成果交付。

项目的交付管理，简单地说，就是对实施过程的管控，以达到期望的结果。因此，项目管理中的风险管理远比项目目标管理重要。

具体来说，我们需要做到以下三方面的管理：

1．**交付时间管理**。在约定的时间内按时、按质推荐符合客户职位需求的候选人，并按照时间节点持续跟进，直至候选人入职乃至度过保证期。

2．**交付风险管理**。在推荐候选人过程中，可能会遇到突发状况，如候选人中途放弃顾问推荐的职位或背景调查没有通过等。管理风险的最好办法就是有应急方案，即使客户已经录用了你推荐的候选人，你的推荐工作也应该继续，还需要储备一两位候选人作为备选人。

3．**项目收尾管理**。对猎头顾问项目收尾工作就是配合好客户帮助候选人入职，并快速融入客户企业，从而在候选人及客户两边都获得认可与信任。

三、实训内容、实训方式、实训步骤及实训要求

（一）实训内容

实务实训情景资料介绍

你负责的客户××机器人科技有限公司委托的招聘职位基本都交由戴伟铭（David）团队交付。戴伟铭（David）团队在交付过程中，前后5个职位的推荐都因各种原因而没能成功录用，戴伟铭（David）团队认为这是客户的责任，××机器人科技有限公司人力资源部门则认为你们公司总是推荐不合适的人。戴伟铭（David）团队认为该客户不够优质，打算降低项目的优先级，而××机器人科技有限公司人力资源部门则在观望是否与你们公司继续合作。此时，你会怎么处理？

（二）实训方式

情景模拟、项目管理训练、小组练习、小组展示。

（三）实训步骤

（1）分析核心问题出在哪个环节。
（2）复盘项目，梳理我们可以规避哪些项目风险点。
（3）找出破局的解决方案，推进与××机器人科技有限公司的合作。

（四）实训要求

（1）我们需要在继续与客户建立合作的前提下，找出项目受阻的原因及解决方案，并且复盘项目的管控过程。
（2）训练学生的动手实操能力，以学生参与展示为主，教师点评为辅。

四、实训时间及成绩评定

（一）实训时间

建议本项目的实训时间为2个课时。

(二) 实训成绩评定

通过三个维度来进行评定,分别是:
(1) 是否分析出项目受阻的核心问题。
(2) 是否找到了推进合作的解决方案。
(3) 重复盘的过程中是否规避了之前出现项目风险的风控点。

【实训项目13：我的复盘】

我的实训项目复盘

【模块总结】

在现实生活中，很多领域都有项目管理的存在，学会项目管理理论知识，掌握项目管理思维，有助于提升学生的团队协作和管理能力，从而提升他们将来在职场上的竞争力。

针对客户开发初期"如何立项、如何有效地跟进项目、如何确保项目交付结果让客户满意"的三个环节，本模块通过模拟实践、情景游戏、情景分析三种实训形式，让学生在体验过程中掌握项目管理的方法及技巧应用。

【模块感悟】

我的模块实训感悟

模块五 寻访与甄选

【模块框架】

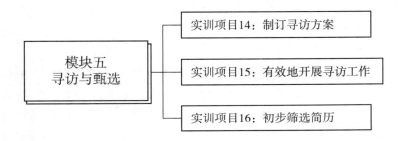

【模块目标】

> （1）能完成基本寻访方案的制订。
> （2）能通过简历初步筛选出候选人。

"猎头顾问成长记Ⅰ"系列（14）

八仙过海，各显神通——制订寻访方案

经过一段时间的努力，在李依可（Leo）职业导师的指导下，我和小伙伴们顺利完成了××机器人科技有限公司的项目资料的整理工作，并完成了《招聘项目计划书》《招聘项目进度表》《内部项目管理机制》《项目成员沟通机制》的制订。

很快，新项目又来了。

通过李依可（Leo）导师的介绍，我和团队的小伙伴们大致了解了该项目的情况。该公司主要涉足母婴用品行业，是一家集团公司，下属A、B、C、D四家子公司，子公司所涉及的业务各不相同。其中，C公司收购新品牌HT后业务量翻番，导致供应链的体量相应提高，现需招募一位高级计划经理。

李依可（Leo）导师把C公司招聘主管刘星雨（Jessica）所发的职位介绍发至项目群，希望我和小伙伴们能够帮忙整理制订寻访方案所需的思路框架。

经过一番头脑风暴后，我和小伙伴们伴梳理了以下框架。

1. 诊断企业客户的真实需求。

（1）了解企业所属行业信息。

（2）了解企业情况（主要包括办公地点、主要产品、企业文化、组织体系、企业营业及利润情况、员工数量、管理风格等）。

（3）行业竞争对手的情况。

（4）企业目前所面临的挑战与机遇、未来的战略规划。

2. 梳理职位的重要信息。

（1）明确岗位具体名称、级别、主要职责与分工。

（2）岗位的隶属部门、上下级关系、直属领导的背景和偏好、团队成员及其背景。

（3）本职位设置的原因（是新增还是替补），如果是替补，前任的背景情况、离职原因分别是什么。

（4）本职位所需的技能（一般技能、特殊技能）、工作难点。

（5）职业发展的路径和卖点。

（6）本职位的核心竞争力。

3. 关于职位的薪酬和福利。

（1）基本薪酬待遇及发放形式。

（2）是否有股票期权。

（3）其他福利待遇。

4. 对候选人的具体需求。

（1）硬性需求。

（2）软性需求。

5. 项目的详细安排。

（1）进度安排（确保寻访时间点）。

（2）管理机制（确保项目人员分工，并责任到人）。

（3）沟通机制（确保内部信息共享畅通、与企业客户信息即时互动更新）。

6. 确定目标人选、寻访和搜索渠道及关键词。

（1）确定目标人选所在（或所经历）的行业及公司。

（2）确定目标人选的职能岗位、职级、工作履历。

（3）确定目标候选人所在的区域（城市）。

（4）确定目标人选所处的时间节点。

（5）确定目标人选的搜索、寻访渠道（公司人才数据库、外网、转介绍等）。

（6）提炼目标人选寻访和搜索的关键词。

7. 要说明的其他事项。

我和小伙伴们梳理好以上方案框架之后，准备和李依可（Leo）导师在项目例会上进行一次详细而深入的讨论，以确定方案框架的合理性及可行性。

实训项目 14　制订寻访方案

　　临时抱佛脚，事情易办糟。寻访工作的开展，需要知己知彼，多收集信息，制订方案。

——编者

一、实训目的

（1）熟悉一般的客户需求，明确信息清单。
（2）熟练完成对寻访公司的信息收集归纳工作，并根据信息初步锁定搜索范围。

二、实训加油站

（一）明确客户职位需求及特性

　　好的准备是成功的一半。只有充分了解客户的需求，才能把握职位的本质和权责的核心。客户的需求并非完全出自客户的直接描述，更重要的是对客户职位描述的归纳、总结、提炼和对客户招聘背景的理解。

　　人才画像一般在人力资源招聘与配置中均有所包含，若系统学习过人力资源的六大模块知识，就可以借鉴人力资源招聘与配置中的知识，在此环节进行人才画像。

　　人才画像主要是明确关键岗位，比如，要对管理岗位或者业务岗位的直属经理进行人才画像，必须明确此关键岗位的特殊要求有哪些。由于猎头公司的业务开展形式一般都是以行业或者同类型岗位进行划分的，故很有必要进行人才画像。

　　在猎头顾问的职业生涯中，人才画像可以帮助我们在进行大量候选人筛选时确定筛选标准。在一定程度上，只要对同类型岗位进行特定化修改，人才画像就可以在大量岗位中批量使用。

　　同时，人才画像主要包括的内容有能力画像（认知能力＋能力倾向）、关键技能/项目经历、性格画像（五大职业性格）、驱动力画像（激励因素、人选沟通突破口）、培养发展建议五个方面。

简单来说，我们需要明确客户职位需求的清单主要如下。

1. 硬性要求。

（1）公司/部门的组织架构（尽量要有目标岗位的组织/部门架构）。

（2）职位的正式名称、级别。

（3）职位的隶属部门、上下级关系。

（4）设置本职位的原因（新增/替补）。

（5）主要职责。

（6）特殊技能。

（7）工作难点。

（8）薪酬范围。

2. 软性要求。

（1）沟通技能。如沟通能力、表达能力等。

（2）人际技能。如处理人际关系的能力等。

（二）了解所寻访公司的信息

1. 所属行业。每个行业的产品、经验模式、行业文化都具有其独特性。行业特性对人才选择、经验要求、学历背景均有重要影响。一般而言，同一行业的企业倾向于从同行业或相关行业进行人才引进。

2. 客户自身的特点。客户管理层的管理理念与风格，企业发展大事记或者发展历程，企业的特殊大事件、行业地位、生意模式、经营情况、产品类型、所在地域等特点对候选人的选择都有根本性影响。

对候选人而言，对客户公司的了解也大多停留于表面，因此，在职业选择的过程中也渴望了解即将面试/加入的客户公司更多具体的、深入的信息。

3. 竞争对手情况。竞争对手通常是直接挖猎（抢夺人才）的对象。对竞争对手的了解有助于了解客户在行业内的情况，也有助于后期直接挖猎。

4. 本职位的核心竞争力。对候选人而言，工作的转换意味着承担风险及投入成本。本职位的核心竞争力是吸引候选人参加面试及最终做出决定的重要因素。

核心竞争力一般包括公司及所属行业有发展前景、良好的职业发展规划、公司内部有发展空间等。

（三）锁定搜索范围

1. 锁定公司所属行业，罗列目标公司。
2. 所在公司建立的数据库。
3. 根据相关性进行排序。
（1）同一行业、同一地理范围、同一岗位。
（2）同一行业、邻近地理范围、同一岗位。
（3）相关行业、同一地理范围、同一岗位。
（4）相关行业、邻近地理范围、同一岗位。
4. 个人交际圈、个人人脉网搜索。
5. 第三方平台网站搜索。

如猎聘网、猎萝卜、BOSS直聘、智联卓聘等。

三、实训内容、实训方式、实训步骤及实训要求

（一）实训内容

实务实训情景资料介绍

×集团，自2002年涉足母婴用品行业至今，市场渠道遍布全国，其品牌认知度和接受度日增见长。集团以"流星雨"品牌纸尿片为明星产品，其他产品包括卫生巾、消毒湿巾等母婴用品。集团目前一共拥有20多个系列、1000多个品种，年生产值可达25亿片的产能。

×集团总部位于广州，研产销一体，在广东广州、福建福州、湖南长沙均有生产基地。已通过ISO 9001质量管理体系认证、ISO 14001环境管理体系认证、ISO 18001职业健康安全管理体系认证，是行业重点扶持企业。集团曾获驰名保护、国家高新技术企业、明星纳税企业等荣誉称号。

×集团下属A公司，主要负责集团产品线下渠道整体营销业务；下属B公司，主要负责集团产品线上电商整体营销业务；下属C公司，主要负责研发及生产业务；下属D公司，主要负责公司外部投资。

C公司的招聘主管刘星雨（Jessica）联系你司，C公司因集团收购了新品牌HT以后，整体业务量翻了2倍，所以C公司整体供应链的体量也相应地提高。为了能更好地满足集团的发展，现在新增加了高级计划经理一职。

刘星雨（Jessica）已经将职位介绍发送到你的电子邮箱，内容如下。

亲爱的李依可（Leo）：

您好！

由于集团业务发展需要，我司新开出了高级计划经理的职位，还请贵司为这个职位进行人才猎聘。以下是关于该职位的部分介绍和要求。具体情况我们可以在今天下午4点进行一次电话沟通。

一、职位描述

1. 管理所有计划活动，负责开发、沟通和协调供应计划，负责所有采购类别团队和后勤团队的管理工作。

2. 带领团队在市场营销、需求计划（采购计划）、采购和物流功能等方面发挥关键作用，通过开展供应链最佳实践来实现业务目标并推动供应链管理的持续改进。

3. 最终供应计划必须与需求计划相平衡；应急计划（风险管理）也应得到发展，并能与其他职能部门团队协调一致。

（1）供应计划主要包括以下内容：① 根据需求预测，与采购部所有相关部门的采购员密切合作，确保供应能力。② 对发展生产商/供应商的深入了解，如季节、每月产能等。③ 与关键供应商紧密合作，协同规划，预测和补货（collaborative planning forecasting and replenishment，CPFR）执行，主动识别供应瓶颈和解决问题。④ 开发和协调跨职能团队的事件备份计划和执行。

（2）库存规划主要包括以下内容：① 在给定需求预测的基础上，与物流部门紧密配合，制订备料计划。② 与库存目标设定团队及物流团队紧密合作，引导MOQ①设置。③ 监控所有与供应和库存相关指标的改进工作。

二、任职资格

1. 本科以上学历，供应链管理、物流、工程管理或其他相关专业。

2. 至少8年在快速消费品行业的供应链管理/计划与库存管理的经历与经验，有生产计划背景者优先。

3. 良好的逻辑思维和项目管理能力；

4. 愿意管理细节和数据，能领导行动计划并解决问题。

5. 出色的沟通能力，能解决跨职能事项。

---

① MOQ，全称是minimum order quantity，是国际贸易术语和计算机术语，即最小订购量（最小订单量）。——编者注

6. 熟悉办公软件（包括 MS Access）和 ERP 系统（最好是 JD Edwards）。

7. 良好的英语听/写/说能力。

期待您推荐优质候选人，帮我完成这一次的招聘工作！

顺祝商祺！

刘星雨（Jessica）

×集团 C 公司

（二）实训方式

情景模拟、案例分析、角色扮演、头脑风暴、小组展示。

（三）实训步骤

1. 各小组分别讨论并综合梳理和提炼的内容。具体内容如下：

（1）梳理和提炼企业信息。请用简洁的语言总结×集团及其下属 C 公司的行业背景、企业特点及竞争对手（至少一家）的情况。

（2）梳理和深挖职位信息。根据猎头顾问和招聘主管刘星雨（Jessica）介绍的关于该职位的重要信息，列出需要在今天下午 4 点与刘星雨（Jessica）进一步沟通的事宜，补充所了解的有关该职位的重要信息。

（3）候选人信息渠道、关键词。请根据刘星雨（Jessica）向你提供的信息，在网络渠道搜索这个目标候选人。请列举出你即将进行搜索的网站和关键字。

2. 展示并复盘。各小组分别展示本组的讨论成果，并在展示完毕后对本次实训内容进行综合总结。

（四）实训要求

（1）预先分组，并选出组长，负责组织和组内任务的分配。

（2）主动参与，深入思考，积极发言。

（3）善用互联网、微信、微信公众号等资源。

（4）锻炼学生的实操能力，以学生实操、分享为主，教师点评为辅。

四、实训时间及成绩评定

（一）实训时间

建议本项目的实训时间为 4 课时。

（二）成绩评定

1. 内容：准备充分，资料翔实，角度全面，接近实际操作效果。
2. 态度：积极参与，乐于分享，有团队意识，投入角色。

【实训项目14：我的复盘】

我的实训项目复盘

"猎头顾问成长记Ⅰ"系列（15）

我们的寻才之旅——候选人寻访

经过我和团队的小伙伴们连续多日的努力，根据前面制订的寻访方案和×集团C公司招聘主管刘星雨（Jessica）所给的职位介绍及后续补充情况，终于把×集团C公司的客户真实需求、职位重要信息、职位的薪酬和福利、对候选人的具体需求全部梳理清楚了。

按照之前所学的理论知识，候选人搜索方向主要有三种，分别是横向搜索（客户同行业同职位）、纵向搜索（不同行业同类职务或职业）、圆心搜索（以候选人为中心，再联结同行业、同职位）。很明显，当下这个职位需要按照前面两种搜索方向才更有利于开展工作。

寻访开始阶段，我和小伙伴们原计划把团队分成两个小队，两队人马分两条线协同作战。第一组团队负责外网搜索，主要通过猎聘网、智联卓聘、智联招聘、中华英才网、领英、脉脉、IT行业协会、IT领域相关贴吧渠道寻找候选人线索，把所搜集的资料整理后交给第二组团队。第二组团队主要负责陌拜电话，根据第一组团队人员搜集的资料整理出话语艺术稿主动联系候选人沟通情况，反馈沟通结果。

经过两天时间的努力，我们汇集了许多候选人的简历及相关信息，也对该职位在目前市场上的行情有了更深入的了解。并且刚好在刘星雨（Jessica）所要求的时间内完成。

团队小伙伴们目前聚焦于人选的初步筛选。由于候选人未来需要直接向新上任的供应链副总裁马克（Mark）汇报，且同时需要管理三位下属（一位经理、两位资深专员），因此，除了任职的硬性条件优秀之外，还要求所筛选的候选人非常灵活。

我们确定初步的候选人的当晚，刘星雨（Jessica）给我发了一段语音，这段语音给我们提供了一个新的候选人线索：GJ公司工作背景，曾经外派香港2年，英文能力非常不错，不是很确定他的英文名字是不是Daniel。

于是，我们又开始了一段定向候选人搜寻的努力……

实训项目15 有效开展寻访工作

问渠那得清如许？为有源头活水来。有效寻访工作的开展，离不开多元化的寻访渠道、丰富的数据库、聪慧的猎头顾问。

——编者

一、实训目的

（1）能根据职位要求，初步制定基本寻访策略（方向、路径、具体实施办法），并根据策略制订初步寻访计划。

（2）掌握陌拜的基本技巧并熟练运用。

二、实训加油站

（一）明确搜索方向

1. 横向。是指在客户的同行业中去挑选和物色候选人。如寻觅到的候选人有同行业同职位的工作经历和经验，将有利于其快速适应和顺利开展今后的工作。

2. 纵向。是指按目标要求，即在不同行业的同类职务（职业）中进行目标寻觅，也称作垂直寻觅。

3. 圆心。是指从某一候选人入手，通过他与同业、同行的联结进行搜寻。

（二）确定搜索路径

1. 外网搜索。

（1）招聘网站：猎聘网、猎上网、智联卓聘、前程无忧、中华英才网等。

（2）职场社交网站：领英网、脉脉网等。

（3）行业论坛、行业协会网站等。

2. 陌拜电话。

（1）心理准备。心理承受能力，综合应变能力。

（2）前期准备。背景资料的收集，制定陌拜电话的目标。

（3）内容准备。话语艺术、策略等。需要注意的是，陌拜电话并没有一成不变的话术和万试万灵的办法，陌拜电话的成功更多地得益于过硬的心理素质、灵活的应变能力，以及善于结合具体目标公司具体职位制订不同的方案。

（三）陌拜的基本原则

（1）掌握了一定的沟通技巧，对通话内容有一定的把握力。大部分新入行的猎头顾问，在进行实践学习时，电话沟通能力相对较弱，对一般的话语艺术尤其是行业术语掌握较少，了解也较少，甚至在沟通过程中还会紧张。在这种情况下的沟通基本是无效的，如果知道猎头顾问所属企业，对猎头顾问所在的猎头公司形象也是一种伤害。

（2）需要把握尺度，对候选人不要过分亲近或疏远。

（3）对中低职位的候选人要保持一定的神秘感，不要过多解释猎头的工作方法和搜寻途径。

（4）尽可能事先了解候选人的一些情况，这样在心理上可以占据一定的优势。

（5）尽可能从候选人那里得到想要的信息，这是信息的最重要来源。

（6）对候选人一定要有礼貌，无论对方是否合适。

（7）对候选人要有必要的暗示，要让对方感到你值得信赖、你所在的猎头公司非常专业。

（四）陌拜的切入方式

1. 迂回作战。这是最常用的方式。当确定了目标人但又不知道目标人的姓名时，你可以通过各种方式找到熟悉目标人的人，通过他们了解其基本资料。

2. 公开资料。从公司网站和媒体报道上寻找。很多公司都将管理层名字写在网站上。也可以关注公司的公众号，目前大部分公司和企业的公众号都包含了其大量的基本信息。

3. 正面突破。可以以客户或××协会的身份直接让公司总机转给目标人群。

4. 拐弯抹角。通过朋友和其他社会关系的介绍。这种方式通常需要你积累了一定数量的候选人的人脉资源。

三、实训内容、实训方式、实训步骤及实训要求

（一）实训一

1. 实训内容

实务实训情景资料介绍

刘星雨（Jessica）在电话中向你介绍了这个职位的补充情况：这个职位是新增加的管理岗位，需要直接向新任的供应链副总裁马克（Mark）汇报，因马克（Mark）非常精明，故需要一个为人处世比较灵活、各方面条件都很优秀的下属。这个职位有3个下属，分别为1位经理，2位资深专员。薪酬预算在年薪60万左右，如果有非常合适的候选人，还有涨薪的空间。有过外资企业背景、多品类的销售预测计划经验的候选人可以优先考虑。同时，候选人还要具备出色的英语听说读写的能力。

由于集团高层非常重视该职位，刘星雨（Jessica）要求你在2个工作日后向她介绍这个职位目前在市场上的情况，以及是否有合适的候选人可以推荐。

情景资料补充提示

1. ×集团公司为虚拟公司，参与实训的学生可自行设定真实的公司名称，并搜索该岗位的相关资料。

2. ××企业管理咨询顾问有限公司为虚拟公司，参与实训的学生可自行设定真实的公司名称，并作为你所属公司的资料介绍。

3. 本实训情景资料中的"高级计划经理"岗位不可更改，全体学生需以此为目标岗位进行实务实训操作。

2. 实训方式。模拟实践、资料搜索、文案撰写、小组讨论。

3. 实训步骤。

（1）请收集×集团C公司所属行业的相关资料及高级计划经理一职的招聘需求。

（2）根据行业资料、职位需求确定你认为核心的人才搜索范围，内容包括罗列出搜索的目标公司，并按照其相关性进行排序。

4. 实训要求。
(1) 善于利用互联网平台拓宽信息渠道。
(2) 注意在实际圈定目标公司时所拟定标准的逻辑性和条理性。

(二) 实训二

1. 实训内容

实务实训情景资料介绍

经过一轮外网的搜索,没有找到与刘星雨(Jessica)描述的候选人背景相似的人选。但你在百度黄页上找到了××公司(小组可根据所专注行业中的公司和企业自行确定具体的公司或企业)前台的电话,请你以陌拜方式继续寻访该候选人。请写下你准备进行陌拜的话语艺术,以及尽可能多地列举你的应对策略。

刘星雨(Jessica)在晚上突然给你发了一条微信的语音信息,具体内容如下:

亲爱的李依可(Leo):

今天在与部门开会的时候了解到××公司好像有一个叫丹(Dan)的候选人,具体的名字我可能没听清,他的背景经验挺符合我们公司要求的。这位候选人曾经外派到香港2年,英文能力也不错,你可以尝试找找他。

2. 实训方式。模拟演练、头脑风暴、小组展示。
3. 实训步骤。
(1) 分小组头脑风暴的方式,根据刘星雨(Jessica)给你的目标人选的基本信息制定你们小组的陌拜策略。
(2) 请按照小组抽签顺序,进行5分钟的陌拜课堂模拟练习,然后在课堂上进行小组展示。
4. 实训要求。
(1) 预先分组,并选出组长,负责组织和组内任务的分配。
(2) 主动参与,深入思考,积极发言。
(3) 尽可能多地模拟在陌拜过程中可能会发生的情景。
(4) 锻炼组员的实操能力,以小组角色扮演及情景模拟演练为主,其他组员及教师进行点评。

四、实训时间及成绩评定

（一）实训时间

建议本项目的实训时间为 4 课时。可分为案例讨论、课堂练习和情景模拟展示三部分进行。

（二）成绩评定

1. 内容：准备充分，资料翔实，角度全面，接近实际操作效果。
2. 态度：积极参与，乐于分享，有团队意识，投入角色。

【实训项目 15：我的复盘】

我的实训项目复盘

"猎头顾问成长记Ⅰ"系列（16）

放大镜下的个人故事——简历筛选

经过两组团队的小伙伴的通力协作，根据所搜索的资料和坚持不懈地进行陌拜电话，我们终于联系上了那位有在香港的GJ（中国）有限公司工作经历的候选人陆丹尼（Daniel）。在陌拜电话的过程中，我们了解到他的真实名字并非×集团下属C公司招募主管刘星雨（Jessica）所说的丹（Dan）。不管怎样，结果是美好的，陆丹尼（Daniel）近期正好有兴趣考察这个新职位，经过三次沟通之后，他便将简历委托给了我们。

看着面前汇集起来的简历，我和小伙伴们开始了对简历的初步筛选。说到简历筛选，也是一门充满技术和艺术的活。在行动之前，李依可（Leo）导师开始了项目工作环节前的培训活动。

培训活动的多寡、优劣，有时是衡量企业质量高低的指标之一。能像李依可（Leo）这么用心、真诚地培训我们的导师及其企业，在我接触范围之内并不多见，我内心深处甚至萌生了实习时和毕业之后直接到导师的公司去上班的念头。

这一次的培训活动，李依可（Leo）导师给我们梳理了以下思路：

（1）列出×集团C公司高级计划经理一职所需的能力指标，比如职位的权责利、学历、工作经验、工作业绩等硬指标和软指标。这对人力资源管理专业的小伙伴来说难度不是很大，胜任力素质模型直接可以用起来。

（2）提炼×集团C公司对高级计划经理一职所关注的核心要点，主要是候选人匹配该职位必须具备的能力和加分项。

（3）明确简历的底层逻辑，比如任职时间、职位晋升、管理幅度、工作业绩及奖励等情况。并以此为逻辑脉络，梳理候选人的简历，为人企匹配、人岗匹配量化指标匹配内容。

（4）将收集的简历与职位核心能力指标（标准）进行匹配，主要包括候选人的生活背景、教育背景、企业工作背景、职业背景、工作经验、业绩表现等。

根据李依可（Leo）导师的指导，我和小伙伴们首先重新回顾了×集团C公司对高级计划经理一职的相关要求，然后设计了一份候选人简历匹配表（见表 5-1），根据相关指标进行给分，选出得分排名前五位的候选人。

表 5-1 候选人简历筛选匹配

人才画像	企业职位要求	候选人1匹配点	匹配点分数	评分标准
硬性要求	8年快消供应链管理/计划和库存管理经验			
	供应链管理/物流/工程专业			
	英语听/读/写能力			
	本科学历			
	根据公司的战略发展，制定相应的年度、季度工作目标，工作计划及预算			
	根据需求分析，制订生产计划、物料计划等，并维持供需计划平衡			
	开发、沟通协调供应计划及相关采购类别			
	与关键供应商协同合作，规划执行CPFR			
	及时对供应/物料风险进行分析，制订应对方案			
	监控所有的供应计划及库存的KPI考核指标			
	熟练使用办公软件（MS Access 和 ERP 系统）			
弹性要求（加分项）	生产计划经验			
	外资背景			
	多品类的销售预测计划经验			
	JD Edwards 办公软件			

续上表

人才画像	企业职位要求	候选人1匹配点	匹配点分数	评分标准
能力素质	跨国文化沟通与协调能力			
	跨部门、跨团队沟通与协调能力			
	计划工作能力			
	团队、项目管理能力			
	数据管理与分析能力			
	预判能力			
	抗压能力			
其他情况	婚育情况			
	所在城市			
	目前薪酬			
	期待薪酬			
综合得分				

（资料来源：2018级人力资源专业现代猎头方向学生团队）

实训项目 16　初步筛选简历

俗话说：听锣听声，听话听音。世事洞明皆学问，人情练达即文章。猎头顾问筛选候选人简历、与候选人交流等经历，是其职业生涯中非常难得的历练。

——编者

一、实训目的

（1）能根据客户及职位需求，建立潜在候选人的基本素质模型。

（2）能对候选人简历进行初步筛选，提炼候选人的闪光点，并根据客户职位需求快速进行匹配。

二、实训加油站

（一）了解简历的底层逻辑

（1）时间跨度。
（2）职位晋升路径。
（3）职位管理幅度。
（4）技能状况。

（二）提炼职位核心要点

（1）根据前期对客户需求的理解，提炼候选人匹配该职位必须具备的基本素质。
（2）确认候选人是否具备匹配该职位的最优能力。
（3）发掘候选人是否具备其他加分项所需的能力及相关工作经验。

（三）列出职位所需能力的标准（指标）

（1）目前该职位的权责要求。
（2）对候选人年资的要求。
（3）具体某一类工作经验的要求。

(4) 具体软性特质要求。

(四) 将收集到的简历与职位核心能力标准（指标）进行匹配

主要从三个方面着手进行分析判断。

1. 候选人的背景。

（1）过往就职企业的背景。包括企业性质（外资企业、民营企业、事业单位等），是否上市。

（2）候选人的职业背景。包括具体的职位级别、岗位职责以及薪酬情况。

（3）候选人的教育背景。如学历情况，是否有海外留学经历，等等。

2. 候选人的经验。

（1）财务类。候选人是否有融资、上市的经验，是否有大型或跨国会计事务所的工作经历和经验。

（2）市场营销类。候选人是否具有项目策划、项目营销的经验。

（3）管理类。候选人是否具有相关管理岗位3年以上的管理经验。

3. 候选人的业绩表现。

（1）是否受到过嘉奖。

（2）所参与过的重要项目的成绩如何。

三、实训内容、实训方式、实训步骤及实训要求

(一) 实训内容

实务实训情景资料介绍

经过不懈努力的陌拜，你终于联系到那位有过在香港的GJ（中国）有限公司工作经验的候选人陆丹尼（Daniel），他近期正好有兴趣考察这个新职位，便将他的简历委托给了你。

另外，你也通过其他渠道搜索联系到另一位对该职位感兴趣的候选人钟莉莉（Lily），她也将简历委托给了你。

两份候选人简历详细情况如附件1、附件2所示。

附件 1：

人才候选人简历——陆丹尼（Daniel）

个人资料：陆丹尼（Daniel）		
出生日期	1982 年 6 月 23 日	个人照片
婚姻状况	已婚	
性别	男	
目前所在城市	上海	
目前薪资	73 万元/年	
薪酬期望	可协商	
学历	2001 年 9 月—2005 年 7 月，汕头大学计算机科学与技术专业，本科	
语言能力	英语流利	
工作经验		
2015 年 7 月至今	×××电子集团	
公司描述	×××电子集团是日本著名数码绘图板制造商，成立于 1983 年，总部位于日本埼玉县加须市，是全球领先的数位板系统、笔感应式数位屏系统和数字界面解决方案供应商	
职位	全球需求计划和生产计划高级经理	
汇报对象	全球计划副总裁	
下属情况	5 人	
工作职责	<ul><li>管理××全球自有品牌产品的供求计划（SKU① 数目：700，年营业额：40 亿元人民币）</li><li>通过与生产部门和销售部门的合作，确保库存维持在合理水平</li><li>与全球销售、财务、IT 部门合作，设计和开展标准作业流程（SOP②）流程，并于 2016 年 3 月正式上线</li></ul>	

---

① SKU，全称 stock keeping unit，即库存进出计量的基本单元，可以是以件、盒、托盘等为单位。SKU 是对大型连锁超市 DC（distribution center，配送中心）物流管理的一种必要的方法，现在已经被引申为产品统一编号的简称，每种产品均对应唯一的 SKU 号。对一种商品而言，当其品牌、型号、配置、等级、花色、包装容量、单位、生产日期、保质期、用途、价格、产地等属性中任一属性与其他商品存在不同时，可称为一个单品。——编者注

② SOP，全称 standard operation procedure，即标准作业程序，指将某一事件的标准操作步骤和要求以统一的格式描述出来，用于指导和规范日常的工作。——编者注

续上表

工作职责	• 全面负责××全球应用在供需计划管理（JDA①）系统的上线，已于 2016 年 3 月正式实施
2012 年 1 月— 2015 年 7 月	GJ（中国）有限公司
2014 年 11 月— 2015 年 7 月	GJ 香港供应链总经理
工作职责	• 整体管理 GJ 香港区域供应链，包括产品供应、库存控制、需求计划、客户服务（订单管理，项目管理）以及物流运输 • 领导 GJ 香港仓库迁移运作项目，包括后期和客户沟通、重新制定物流线路和运输时间，整个项目于 2015 年正式完成 • 负责 GJ 香港 SOP 项目上线
2012 年 1 月— 2014 年 10 月	需求计划经理
工作职责	• 管理需求计划团队，负责制订公司需求计划，包括全系列产品 • 与财务部负责人共同负责公司 SOP 商业计划流程，包括制订需求计划、业务目标差距分析、区域区域销售合作计划和业务发展计划 • 需求及供应链计划部 SAP② 系统负责人，负责供应计划和需求计划模块的实施应用及改善计划

---

① JDA，全称 joint distribution adaptation，是一个软件品牌，主要解决零售业供应链管理问题。JDA 软件集团公司（JDA Software, Inc）于北京时间 2020 年 2 月 11 日在美国亚利桑那州宣布公司将更名为 Blue Yonder。作为品牌重塑工作的一部分，该举措旨在更好地在公司名称中反映云技术转型和产品未来发展路线图，帮助企业进一步创新优化，并为客户带去一流的服务体验。——编者注

② SAP，全称 system applications and products，思爱普。SAP 是德国一家全球的企业软件供应商，服务 15000+家中国企业，更覆盖 90%以上"福布斯全球企业 2000 强榜单"企业客户。该公司官网称，公司经过 48 年的创新沉淀，提供 100 多款云解决方案，覆盖所有业务职能，深入 26 个行业，打造专有管理解决方案。——编者注

续上表

2012年1月—2013年5月	供应计划经理
工作职责	• 负责GJ全系列产品的供应计划，通过与供应链的紧密合作（联系点包括GJ广州工厂、GJ湖南工厂及GJ泰国工厂），确保产品及时供应 • 任职期间，公司的订单满足率从92%提升到96% • 负责新品上市项目的时间表制订和项目管理，任职期间帮助公司成功推出了新产品 • 负责GJ库存管理，通过制订库存分项管理流程、冗余产品清理流程，成功地将公司产品的库存天数降低了30%
2007年7月—2011年12月	广州GB有限公司
职位	婴儿护理部门供应计划经理
工作职责	• 负责婴儿护理品类大中华区的供应计划管理 • 通过分析产能，制定和优化大中华区的供应及物流网络，并为未来5年生意翻番的目标建立好物流供应基础
2005年1月—2007年7月	深圳××电机集团
职位	汽车微马达部门生产计划主管
工作职责	• 负责汽车微马达部门的订单管理和生产计划安排 • 汽车微马达部门产能配置计划

附件 2：

人才候选人简历——钟莉莉（Lily）

个人资料：钟莉莉（Lily）		
出生日期	1982 年	个人照片
婚姻状况	已婚已育	
性　别	女	
所在城市	广州	
目前薪资	53 万元/年	
学历	2000 年 9 月—2004 年 7 月，广东外语外贸大学工商管理专业，本科	
语言能力	英语专业八级	
工作经验		
2014 年 11 月至今	好味道（中国）投资有限公司	
职　位	高级采购经理	
汇报对象	采购总监	
下属情况	4 人	
工作职责	<ul><li>负责好味道中国区域每年超过 12 亿人民币的直接材料采购额，达成采购部每年的降本目标以及现金流目标</li><li>主导主要原物料的采购策略，并与管理层以及各部门沟通合同细则，主导合同审批等</li><li>领导每年原物料采购预算与来年降本项目开发，在确保供应及质量的前提下，主导原物料新供应商寻源、开发、考核、批准等流程</li><li>管控物料供应与质量风险、跨部门协调项目，以及管理开发项目的预算和进度</li><li>管理团队以达成部门在降低成本、提升现金流、保障供应、提高质量以及缩短新品上市时间的目标</li></ul>	
2014 年 11 月—2016 年 10 月	好滋味（中国）投资有限公司	
职　位	高级采购运营经理/高级供应链经理	
汇报对象	采购总监	
下属情况	8 人	

续上表

工作职责	• 制定中国采购政策、采购运营策略、绩效考核目标、年度工作计划；建立专业采购运营团队、绩效评估流程 • 建立物料风险管理模型，制定标准采购流程以及合同审批/管理规范，发布相关采购政策 • 设计以及执行供应商绩效考核体系，推广到300个直接材料供应商，主导月度供应商绩效回顾、年度供应商表彰大会，促进供应商在交期、质量、成本、付款周期、创新等方面的持续改进 • 主导物料风险应急管理以及工厂日常物料相关工作的支持；主导并实行部分原料的基地化管理、部分包装材料的JIT① 以及版本切换项目，协助推进成本节约项目，帮助公司获得更高质量的物料、更低的库存、更好的服务 • 管理采购流程的合规性，负责成本节约项目的财务分析报表、系统ERP管理以及采购部门的培训与提升 • 主导供应链运作部门统筹新品上市项目管理/包装材料切换项目/计划部SOP流程组建以及强化
2014年1月—11月	健康乐（中国）有限公司
职位	工厂计划经理
汇报对象	计划物流高级经理
下属情况	7人
工作职责	• 领导工厂计划团队，主导1～2年产能、人员以及需求分析，根据需求以及财务分析，统筹工厂1～5年长期设备产能、人力资源、仓库库容投资及配置策略 • 带领团队进行工厂1～2年生产计划设计及执行，达成公司对交货率、库存、成本以及现金流控制的目标，主导SAP/JDA的上线项目，进一步优化供应链管理的有效性 • 主导新产品上市以及包装转换项目，确保以零质量事故、最低的成本/报废、最短的交期来支持新产品上市/新包材的切换

---

① JIT，全称 just in time，即准时制生产方式，是日本丰田汽车公司在20世纪60年代实行的一种生产方式，又称无库存生产方式（stockless production）、零库存（zero inventories）、一个流（one-piece flow）或者超级市场生产方式（supermarket production）。——编者注

续上表

工作职责	• 主导SKU优化项目，降低供应链损耗，统筹出口亚太区的供应管理以及工厂日程控制
离职原因	公司并购后组织架构调整
2006年10月—2014年1月	广州洁之净有限公司
2012年4月—2014年1月	供应链新品上市项目管理（经理级别）
汇报对象	高级计划运营经理
工作职责	• 负责公司洗浴用品市场部，与其他相关部门制订未来3～5年新品上市计划、常规更新计划，并保持与供应链所有支持部门的沟通 • 主导及沟通每个新品项目计划的变更以及相应的供应链技术支持变更，研究及沟通计划变化所导致的对成本、产能以及时间的影响，并与各部门密切合作 • 负责主导洗浴用品所有新品上市的供应链技术支持，包括新品包装设计及考核，配方调配及相关测试的运作，原材料及供应商备货，工厂产能及储能预留，政府部门注册，等等，确保项目运作符合低成本、高速度、高效的原则 • 负责制定新品上市供应链技术支持的时间控制表，保持与团队的沟通及更新，确保项目任务按时按质完成 • 负责解决或者沟通供应链技术支持过程发生的意外及风险，及时跟相关部门或者上级领导汇报风险，寻求资源支援或商讨潜在的候补计划
工作业绩	• 100%的项目如期成功上市 • 零质量事故 • 项目管理时间控制打破了公司最快速度记录 • 项目运作成本达到公司年度要求
工作经验	
2009年7月—2012年3月	供应链物料管理（主管级别）
汇报对象	亚太区供应链高级经理

续上表

下属情况	8人
工作职责	• 负责7个工厂的原材料3~18个月的需求预测，计算需求对比产能的比率，做风险评估，并采取行动避免风险 • 做主要原材料的3~5年需求预测，做风险评估，并与采购部门、技术部门做采购策略的调整与技术支持 • 处理突发原材料危机，改善原材料供应链的效率 • 降低原材料库存与供应时间，降低MOQ与供应链成本 • 设计及领导新的SAP BW① 系统在供应链方面的应用，并培训相关人员 • 管理、评估与奖励原材料供应商
2006年10月—2009年7月	供应链成品市场计划员
工作职责	• 负责中国内地3个工厂的成品3~18个月的需求预测，计算需求对比工厂产能的比率，做风险评估，并与整个供应链成员协商如何采取行动避免风险，并跟进以及汇报进度 • 协调3个工厂11条生产线的成品产出计划，计算每条生产线的产品3~18个月内的需求与产能的比率，如果有风险，即与供应链以及工厂同事协商解决办法，并跟进结果 • 预测及评估全国9个分销仓库的成品配送以及供应率，监控库存以及有效减少库存率，提高成品周转率 • 处理突发成品供应危机，改善成品供应链的效率 • 设计并领导新的SAP BW系统在供应链成品方面的应用，并培训相关人员
2004年7月—2006年9月	广东美桥实业有限公司

---

① SAP BW是商务智能（BI）的集成化组件之一，为SAP数据和非SAP数据的采集、存储、分析和管理提供一个集成的、面向商务的平台。——编者注

续上表

公司描述	主攻房地产、药业、酒店以及集装箱制造的大型民营企业
职位	项目经理助理
工作职责	• 收集国外客户的需求信息，并整理国外建筑行业标准或者建材规格 • 协调国外客户与公司项目组的交流与会议，整合合同细则等 • 协助采购经理采办合符规格与外国建筑标准的材料以及部件 • 计划项目时间表，协调资源配置与跟踪项目进度。
工作业绩	被评为集团"最佳新进员工"

（二）实训方式

情景模拟、头脑风暴、小组展示、小组提问。

（三）实训步骤

（1）请根据前期对客户需求的理解，提炼出候选人匹配该职位必须具备的能力和加分项能力。

（2）请将以上两位候选人的简历与该职位需求的能力标准进行匹配，分别列举出你认为两人与该职位匹配的能力，并进行阐述。

（三）实训要求

（1）小组独立完成上述实训题后，把作业发送至教师指定的课程邮箱；教师在下次上课时进行课堂展示，教师及其他组员进行公开点评、提问。

（2）通过展示及点评，根据得分，挑选出优秀的小组作业；优秀小组分享解题思路，分析参考答案。

3. 全部小组展示完毕后，对本次实训进行复盘、总结。

四、实训时间及成绩评定

（一）实训时间

建议本项目的实训时间为4课时，可根据实际课时安排分两次进行，每次 2 个课时。

（二）成绩评定

1. 文档美观，要素齐全（封面、目录、正文内容、参考资料、成员分工信息等），内容有深度。

2. 对人企匹配、人岗匹配必须具备的能力和加分项能力进行了必要的提炼、加工。

3. 小组对人企匹配、人岗匹配之后的核心能力有独到的见解。

4. 组长组织得力，小组成员态度积极，高效、高质地完成了作业。

5. 如小组有其他创新点，可酌情加分。

【实训项目16：我的复盘】

我的实训项目复盘

【模块总结】

寻访与甄选是猎头顾问工作中花费时间最长的环节，考验的是猎头顾问的信息收集能力、总结归纳能力、逻辑思维能力、抗压能力和韧性。

要成功地完成寻访与甄选环节，猎头顾问只有在前期对客户所在行业、客户企业本身以及候选人目标群体有深入分析、充分了解，才能有效降低寻访与甄选的难度，提升寻访与甄选的准确率。

毫无疑问，一个猎头顾问对行业的全面而准确的洞察、对客户的深入而专业的诊断，是需要长期积累、不断精进的，更需要在工作和学习中不断点滴积累，主动提升自身的专业水平。

本模块通过多样化的模拟实训方式，锻炼同学们制订寻访方案、开展寻访工作和筛选简历的能力。

【模块感悟】

我的模块实训感悟

模块六　面试评估及匹配

【模块框架】

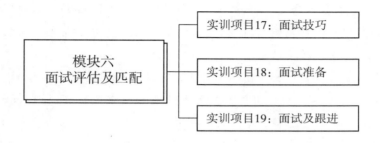

【模块目标】

> （1）掌握面试内容及技巧。
> （2）能够通过面试评估、筛选出目标人选。
> （3）掌握面试及跟进流程、内容和技巧。

"猎头顾问成长记Ⅰ"系列（17）

知人、知面，也知心——面试技巧

专业就是核心竞争力之一，尤其是对需要依靠专业立足的人来说。

经过大家的共同努力，加上运气成分（候选人给力、企业领导与候选人比较投缘），最后×集团下属C公司录用了陆丹尼（Daniel）。而我们也顺利地把另一位候选人钟莉莉（Lily）推荐到了一个同类的企业担任高级计划经理，收获了一个完美的结局。

我们的工作得到了×集团下属C公司招募主管刘星雨（Jessica）及其管理层的肯定，她便向×集团总部推荐了职业导师李依可（Leo）及其团队。对此，我心中充满了感慨，于是便有了开头的感悟。

基于公司同事的转介绍，×集团总部招聘主管朱蕾（Grace）给李依可（Leo）导师发来了一个新的职位需求的资料，需要新增加一位高级法务经理。

依葫芦画瓢，我们根据前期积累的经验，实行一个团队两条腿走路的模式，协同配合作战，很快就完成了第一轮的人才寻访和筛选，手头上也汇集了三份具有法务背景的候选人简历。接下来就要与这三位候选人进行电话沟通了（俗称电话面试），我和团队的小伙伴们又开始忙碌起来。

第一个项目进行到面试环节的时候，李依可（Leo）导师就给我们做了面试环节的相关培训，包括面试的确认、沟通的技术、沟通的注意事项、沟通的技巧等内容。

听完了李依可（Leo）导师的培训内容，我的感悟是，面试其实就是为了知人、知面、知心。知人，是了解并认识有这个人，更多的是从第一印象中的第一感觉出发，有综合的，也有局部的；知面，是"冰山模型"[①]中冰山以上部分；知心，更为深入，是"冰山模型"中冰山以下部分。而面试，

[①] 冰山模型，是美国著名心理学家麦克利兰于1973年提出的一个著名的模型，就是将人员个体素质的不同表现划分为表面的"冰山以上部分"和深藏的"冰山以下部分"。其中，"冰山以上部分"包括基本知识、基本技能，是外在表现，是容易了解与测量的部分，相对而言也比较容易通过培训来改变和发展。而"冰山以下部分"包括社会角色、自我形象、特质和动机，是人内在的、难以测量的部分。它们不太容易通过外界的影响而得到改变，但却对人员的行为与表现起着关键性的作用。

最重要的就是通过面试环节不断确认及验证候选人"冰山以下部分"的一些相关内容。

公司最怕招错人，这种错误很大程度上是从面试开始的。公司面试错了候选人，于是就收获了错误的结果。由此可见，面试能力对公司的面试官来说至关重要，甚至对我们每一个人都非常重要。

为了获得更精准的信息，我和小伙伴们列了一份问题清单，按照简历的逻辑顺序，提前对核心问题进行提炼、排序，并进行现场演练以优化提问的方式和语气。

实训项目 17　面试技巧

所谓技巧，是需要专业和实力来做支撑的，面试亦然。

——编者

一、实训目的

（1）掌握面试的基本沟通技巧并熟练运用。
（2）能初步组织安排有效的专业面试。
（3）能针对职位要求设置相关的问题，并明确评价的标准。

二、实训加油站

（一）面试前的确认

进行面试之前，要确保候选人没有与其他猎头或者与客户公司人力资源管理人员接触或面试过，否则，很有可能会发生候选人被重复推荐的情况，沟通和面试工作也可能成为无用功。

面试前的确认分为内、外两种。第一种是内部核查。猎头公司一般都有内部数据库，会先进行内部核查。第二种是外部核查。外部核查相对来说较为麻烦，一般是主动和候选人沟通确认。

（二）沟通的技术

人与人之间的沟通无处不在，尤其是猎头行业，沟通的过程贯穿整个工作流程的始终，而面试的过程也是猎头顾问和候选人之间沟通的重要过程。好的沟通不但令双方愉悦，在信息交换上也是高效而有序的。

优秀的猎头顾问在沟通的过程中应始终注意自身沟通中的条理性和逻辑性，在关注对方感受的同时，达到自身所希望的沟通目的。时刻注意对方在沟通过程中透露出来的信息和在当中表达的态度，并随调整自己在沟通中的策略和方法。

面试方式不只是与候选人面对面的沟通，电话面试也是猎头顾问经常用到的面试方式。

（三）沟通的注意事项

一般而言，在沟通过程中，有几点需要注意。

1. 注意营造氛围。对方是否处在适合沟通的环境及条件下；是否具备充分的沟通时间；在沟通礼节上，是否让对方感受到尊重和舒适。

2. 注意无声的语音（见面时的着装、肢体语言）。猎头顾问是否准备了得体的着装以符合场合、身份和地位。沟通过程中，应注意肢体动作要尽量地少。

3. 保持双向沟通。沟通是一个双向的过程，切忌自说自话时，或对方说话时你却心不在焉，要注意与对方的互动。

4. 倾听。注意倾听，并从对方的表达中搜寻有效信息。

（四）沟通的主要技巧

1. 问题设置。

首先，可以从候选人的职业发展情况提出问题，如候选人在各阶段的工作时间、行业及职业工作的连贯性、职务及承担职责的变化情况等。

其次，可以从候选人的业绩点提出问题，如有哪些业绩成果表明候选人具备相应的能力，是提供一般性的描述，还是可量化的具体信息。

最后，可以根据简历上的疑惑点（如不清楚或有意回避的信息）发问。

以上是猎头顾问通常的面试问题来源，而更为专业化的面试测评，可以根据××公司脸谱或胜任素质模型来考察应聘者，我们甚至可以从半结构化面试中获得问题来源。

2. 提问的艺术。不要做没有目的的提问，任何提问必须含有猎头顾问希望了解到的信息。所了解的信息不一定是直接的，但一定是有意义的。同时，需要注意整个面试提问的主逻辑，面试不仅是猎头顾问和甲方人力资源部面试候选人，而且是候选人和甲方人力资源部对猎头顾问自身和猎头公司的面试。

富有技巧和艺术的提问，能更好地让候选人提供更多有效的信息。而生硬、粗暴的提问则容易让候选人产生反感甚至抵触心理。

提问不能随心所欲，相反，面试中所提出的问题需要经过精心设置、巧妙构思，这样才能达到最佳的沟通效果。

3. 沟通的具体步骤。

（1）列出问题清单。一定要提前准备好清单，避免因遗漏而造成与候选人的多次、重复性的沟通，否则，既浪费时间，又显得猎头顾问极不专业。

（2）对问题进行排序。就问题清单的问题排出先后次序，暖场性的简单问题放在前面，其次为核心问题、重要问题，相关性较大的问题紧随其后，最后做总结，以便再次确认相关的核心问题。

（3）构思具体问题。既要考虑沟通时的措辞，也要考虑对方的接受程度（每个人的个性特质及所处的角度、对同一个问题的感受有时会截然不同）、相关事件的背景和环境。

（4）设置问题要具体。要学会提问，不要问那些宽泛、不具体的问题，那样会无法获得实质性的信息。

（5）提炼深挖重点问题。如果你希望获得更深层次的信息，了解现象背后的本质，那么就请认真提炼并深挖那个重点问题吧。

（6）提前演练问答环节。提出问题之前，最好能站在对方的角度，在脑海中进行预演。如果能在项目团队内部进行模拟预演，效果会更佳。团队成员需要预测对方会怎样回答，回答的内容是否是我们所需要的，如果不是，我们需要怎样深挖，怎样引导对方往我们期望的方向行进。

切记，不要把个人的喜好、情绪化的意见和主观偏见带到问题当中。

经典的半结构化面试问题案例

宝洁公司对应聘毕业生面试的经典八问。

第一，请举例说明你是如何设定一个目标然后达到的。

第二，请举例说明你在一项团队活动中如何采取主动性，并且起到领导者的作用，最终获得你所希望的结果的。

第三，请描述一种情形，在这种情形中，你必须去寻找相关信息，发现关键问题，并决定依照一些步骤来获得预期的结果。

第四，请举例说明你是怎样通过事实来履行你对他人的承诺的。

第五，请举例说明在完成一项重要任务时，你是怎样和他人进行有效合作的。

第六，请举例说明你的一个有创意的建议曾经对一项计划的成功起到了重要的作用。

第七，请举例说明你是怎样对你所处的环境进行评估，并且将注意力集中于最重要的事情以获得你所期望的结果的。

第八,请举例说明你是怎样学习一门技术并将它用于实际工作中的。

三、实训内容、实训方式、实训步骤及实训要求

(一)实训内容

实务实训情景资料介绍

×集团(企业背景见下文介绍)总部招聘主管朱蕾(Grace)于上周三向你发布了×集团高级法务经理一职的职位需求,职位介绍见朱蕾(Grace)发给你的邮件。

企业背景介绍

×集团,2002年涉足母婴用品行业至今,市场渠道遍布全国,品牌认知度和接受度日趋见长。公司以"流星雨"品牌纸尿片为明星产品,其他产品包括卫生巾、消毒湿巾等母婴用品,目前一共拥有20多个系列、1000多个品种,年生产值可达25亿片的产能。

×集团公司总部位广东广州,研产销一体,在广东广州、福建福州、湖南长沙均有生产基地。通过ISO 9001质量管理体系认证、ISO 14001环境管理体系认证、ISO 18001职业健康安全管理体系认证,是行业重点扶持企业。公司曾获国家工商总局中国驰名商标认定、国家高新技术企业、明星纳税企业等荣誉称号。

×集团公司下属A公司,主要负责集团产品线下渠道整体营销业务;下属B公司,主要负责集团产品线上电商整体营销业务;下属C公司,主要负责研发及生产业务;下属D公司,主要负责集团外部投资。

朱蕾(Grace)发给你的邮件如下。

亲爱的李依可(Leo):

你好!

我司总部有一个新增加的职位高级法务经理需要你们帮忙猎聘。职位的具体情况介绍如下。

一、工作职责

1. 根据集团业务需求,参与重大并购、投资项目的谈判、起草、尽职调查等活动,提供相关的法律咨询,处理相关的法律事务,确保其合法性。

2. 根据集团及合规性需要,负责制定重要规章制度,完善公司章程,并

在企业内开展法制宣传教育及培训，规范集团法律环境。

3. 负责审核、评估集团经营范围内的法律风险和政策风险，控制和防范集团运营中的法律风险。

4. 根据人员管理需要，对员工严重侵犯集团利益的违法行为做调查，并出具法律处理意见。

5. 组织安排、指导下属工作，负责内部团队建设，提高团队工作效率。

6. 完成上级安排的其他工作。

二、任职资格

1. 法律专业全日制本科或以上学历。

2. 通过司法考试，持有律师资格/法律职业资格证书。

3. 5年以上在知名大型企业或跨国公司法律工作实务，有海外团队管理经验、MA项目经验。

4. 熟悉国际贸易和知识产权法律。

5. 以英文作为工作语言。

三、下属情况

下属：5人（其中1名为法务经理）

四、薪酬待遇

税前薪酬：60万～80万元/年，有"五险一金"、餐补、车补、安家补贴。

五、新增岗位原因

首先，集团收购了国外食品品牌HT，需要有一个英文好、能与外国同事进行流畅沟通的法务专业人士；其次，集团还有投资并购国外品牌公司的战略规划，希望有投资并购经验的人才加入集团。

另外，需要说明的是，这个职位已汇报给了辛迪（Cindy），她是我们集团的法务总监兼人力资源总监，辛迪（Cindy）4个月后就要开始休产假了，集团希望这个职位的候选人在3个月内能够入职，时间比较急。

如果还有什么疑问，请回复本邮件，期待尽快推荐候选人，谢谢！

祝工作顺利，一切如意！

朱蕾（Grace）

2021年12月20日

（二）实训方式

情景模拟、实战演练、调查分析、头脑风暴、小组展示。

（三）实训步骤

（1）根据职位需要，我们已经完成了第一轮的人才寻访与筛选，现在收集到 3 份法务背景候选人的简历（见附件 1、2、3），并即将与他们进行电话沟通。

（2）请分小组进行头脑风暴，然后列出与 3 位候选人电话面试时需要完成的内容：① 梳理沟通要点；② 设计具体问题；③ 罗列注意事项。

（3）请各小组成员分配角色，扮演猎头顾问的组员与扮演候选人的组员一起完成电话沟通的情景模拟训练。

【温馨提示】

　　如果学校/单位采购了猎头软件，而且已经完成了企业数据库、候选人数据建设，那么可以请学生直接在数据库中调取企业客户、候选人简历，这种效果会更加逼近实战状态。

（四）实训要求

（1）预先分组，并选出组长，负责组织和组内任务的分配。

（2）主动参与，积极发言。

（3）每个小组成员都要进行一对一的情景模拟训练，教师全程给予指导及点评。

（4）按分组的情况，组内展开训练总结。由组长整理并发言，内容包括但不限于优点、不足、其他可学习借鉴之处。

四、实训时间及成绩评定

（一）实训时间

建议本项目的实训时间为 4 课时。

（二）实训成绩评定

（1）小组成员在头脑风暴的参与程度。

（2）一对一情景模拟的具体表现、语言表达、实际面试技巧的灵活运用等。

附件 1：

候选人刘炜（Cathy）个人简历

个人资料：刘炜（Cathy）		
年龄	40 岁	个人证件照片
婚姻状况	已婚	
性别	女	
所在城市	广州	
目前薪资	70 万元/年	
学历	2003 年 8 月—2004 年 6 月，比利时根特大学法学院欧洲比较法硕士（LL. M） 1999 年 9 月—2003 年 7 月，北京大学法学学士学位	
资质	通过国家司法考试，有律师职业资格证	
工作经验		
2013 年 2 月至今	全××（中国）日用品有限公司	
职位	法律事务部经理	
工作职责	• 领导合同团队的工作，管理团队，培养法律人才 • 与美国总部合作，参与公司重大项目的合同起草与谈判，提供相关法律支持 • 参与项目包括中国国际奥委会赞助项目、重要原材料全球采购项目、电影的产品植入项目以及全球品牌代言项目等 • 维护合同管理体系，以适应公司经营发展，有效控制经营风险以及最大限度地保障公司合法权益 • 处理与合同相关的突发事件，及时、有效地提供法律支持 • 处理产品投诉案件 • 为各职能部门和分支机构提供法律法规咨询服务以及相关的法律培训	
2005 年 11 月—2013 年 1 月	广东安××家用电器集团	
职位	涉外法务经理	

工作职责	• 合同管理
	  ➢ 搭建涉外合同管理体系，包括合同审批流程、合同签署和存档的相关制度
	  ➢ 审阅英文合同，350 余份/年	

续上表

工作职责	<ul><li>制定英文合同范本，包括采购协议、独家代理协议、保密协议、竞业禁止协议等</li><li>参与合同谈判，争取法律权益</li><li>内部法律培训</li></ul><ul><li>争议处理<ul><li>参与国际诉讼、仲裁，制定诉讼策略。直接负责处理的案件有： ——德国劳动诉讼（胜诉） ——荷兰商标诉讼（和解） ——德国欠款诉讼（和解、对方付款） ——印度 CIETAC[①] 国际仲裁（未结案）</li></ul></li><li>OEM[②] 商标管理<ul><li>建立 OEM 商标管理制度，提供商标侵权的风险规避方案</li><li>处理商标争议，提示风险</li></ul></li><li>涉外劳动关系<ul><li>起草海外员工劳动合同、保密协议以及竞业禁止协议</li><li>就劳动合同的解除、续期以及解雇员工提供建议</li></ul></li><li>海外投资<ul><li>协助集团成立 2 家海外合资公司</li><li>处理集团海外合资公司股权、名称变更事宜</li></ul></li><li>管理外部律师，与国内外著名律师事务所的律师保持联系</li></ul>
2004 年 7 月— 2005 年 10 月	北京德××律师事务所、广东××律师事务所

---

① CIETAC，全称 China International Economic and Trade Arbitration Commssion，中国国际经济贸易仲裁委员会。仲裁（arbitration）指由双方当事人协议将争议提交至具有公认地位的第三方（仲裁员或仲裁庭），由第三方对争议的是非曲直进行评判并做出裁决的一种争议解决方式。1958 年 6 月 10 日，在纽约召开的联合国国际商业仲裁会议上签署的《承认及执行外国仲裁裁决公约》（the New York Convention on the Recognition and Enforcement of Foreign Arbitral Awards），即《纽约公约》，该公约处理有关外国仲裁裁决的承认和仲裁条款的执行问题。印度于 1961 年 7 月 13 日成为该公约的签约国并生效。2012 年，印度正式批准承认中国（包括香港和澳门特区）的仲裁裁决可以被印度法院在印度执行。——编者注

② OEM，全称 Original Equipment Manufacturer，也称为定点生产，俗称代工（生产），基本含义为品牌生产者不直接生产产品，而是利用自己掌握的关键的核心技术负责设计和开发新产品，控制销售渠道。——编者注

续上表

职位	外商投资部律师助理
汇报对象	合伙人
工作职责	<ul><li>为外商投资企业提供外商投资、公司法律事务、国际仲裁、FDI①、项目融资以及反倾销调查领域的法律服务</li><li>主要参与项目<ul><li>新加坡国际仲裁中心仲裁</li><li>FDI 项目：IT、餐饮行业外商投资</li><li>民事纠纷</li><li>尽职调查</li><li>反倾销项目</li></ul></li></ul>

---

① FDI，全称 foreign direct investment，一般指外国直接投资，是现代的资本国际化的主要形式之一。按照国际货币基金组织的定义 FDI 是指在投资人所属国以外的国家所经营的企业拥有持续利益的一种投资，其目的在于对该企业的经营管理具有发言权。——编者注

附件2：

候选人丁瑞明（Jeremy）个人简历

个人资料：丁瑞明（Jeremy）		
年龄	43 岁	个人证件照片
婚姻状况	已婚	
性别	男	
所在城市	广州	
目前薪资	46 万元/年	
学历	2000 年 9 月—2002 年 7 月，中国政法大学法学第二学士学位 1995 年 9 月—1999 年 7 月，中国人民大学经济学学士学位	
资质	律师执业证	
语言能力	能够以英语作为工作语言	
工作经验		
2015 年 10 月至今	××（中国）投资有限公司	
职位	合规及法律事务部负责人	
下属人数	2 人	
汇报对象	总经理（GM）	
工作职责	全权负责××（中国）投资有限公司总部以及 3 家工厂的所有法律及合规事务，包括： ● 负责领导合同起草和审核，每年审核超过 1300 份合同 ● 民事/行政案件及劳动争议案件的诉讼工作，累计负责处理的案件 20 多起，有效地控制了公司的诉讼成本 ● 知识产权保护，包括商标的申请及争议的处理、打击假冒伪劣产品以及反不正当竞争案件等 ● 负责新公司/工厂设立、土地采购等资本投资的法律事务 ● 负责销售及市场的法律事务，为经销商管理、市场推广提供法律支持 ● 为公司人力资源管理部门提供法律支持，确保公司在签订劳动合同、解雇员工以及制定公司政策时的各个环节的合法性，有效控制公司的用工风险 ● 制定公司的各类合规政策，完善合规管理制 ● ××（中国）投资有限公司法律团队的建设和管理	

续上表

工作职责	- 负责与香港总部的法律事务沟通工作。如董事会决议的起草及审核、涉内地法律文件的审核 - 直接参与公司重大项目的评估及运作,为项目的开展提供法律保障。如公司架构的调整、不动产的购买和销售等 - 负责公司政府事务(如行政案件的沟通与谈判、证照的办理)以及对外公关及市场宣传的法律支持 - 对公司员工进行法律培训,包括销售事务、反不正当竞争、反垄断、消费者权益保护以及合同管理等
2012年11月—2015年10月	××饮料(中国)有限公司
职位	法律事务经理
汇报对象	法务总监
工作职责	- 负责领导××饮料(中国)有限公司在中国13家公司和工厂所有合同的审阅工作,起草标准合同模板,每年审批合同逾1800份,完善公司的合同审批流程,参与大型合同项目的谈判工作 - 负责公司的各类民事诉讼案件及劳动争议,3年处理10余起民事诉讼及劳动仲裁 - 为全国13家公司和工厂的生产运营、销售、市场营销等各类项目提供法律支持,与销售部门共同管理全国的经销商,维护公平有序的市场环境 - 公司的合规管理。规范公司及职员的商业行为准则,制定合规政策,对违反规定的人员进行调查处理。如,公司某主管与外部供应商存在利益上的关联关系,违反了公司的内部合规规定,本人与内审合作,收集了大量的证据并提供全面的法律分析,在解除该主管劳动合同的同时,成功向该外部供应商索赔40万元人民币 - 处理公司反不正当竞争、广告宣传等工商质询案件以及各类消费者投诉,每年处理前述案件10余起,具备丰富的与工商部门和消费者沟通的工作经验 - 市场宣传物料、产品包装、功能、说明书的合法性审查 - 配合人事部门完善人事管理制度,为公司人事管理提供法律支持,为公司员工提供法律风险培训

续上表

2005年8月—2012年11月	全××（中国）日用品有限公司
职位	法律事务高级主任
汇报对象	法务总监
工作职责	<ul><li>负责公司所有与市场及销售相关的法律事务，为销售策略、市场推广、新产品上市等项目提供法律支持，如为全健康跑、赞助中国科学研究等项目的提供前期法律风险评估，对运作过程的各类问题提供法律支持，保障项目合法有效地运行</li><li>在全××（中国）日用品有限公司工作期间，代表全××公司成为中国广告协会（CAA）法律咨询委员会的委员，并多次代表企业参与《中华人民共和国广告法》《保健食品广告审查办法》《化妆品广告管理条例》等法律法规的修订工作</li><li>负责公司各类合同的起草和审核，完善公司的合同审批流程，每年审批合同近千份</li><li>负责处理全国各地消费者投诉案件及行政部门的质询案件，并负责行政诉讼案件。在任职期间，公司的消费者投诉案件和行政部门质询案件均得到合理解决。如2009—2010年，湖北省几位著名职业打假人不断向公司提出索赔，并不断向各地工商进行投诉，同时向法院提起诉讼。经过本人一年多的努力交涉，全××公司最后在所有投诉案件中胜诉，未给予职业打假人任何赔偿</li><li>产品包装、功能、说明书的合法性审查</li><li>负责公司法律文件的起草，为公司员工提供法律培训</li></ul>

附件3：

候选人李强（John）个人简历

个人资料：李强（John）		
年龄	45 岁	个人证件照片
婚姻状况	已婚	
性别	男	
所在城市	广州	
目前薪资	70 万元/年	
学历	2002年9月—2005年7月，暨南大学国际经济法硕士 1995年9月—1999年7月，兰州商学院国际贸易（英语）学士	
资质	通过国家司法考试，有律师职业资格证	
语言能力	英语专业八级，剑桥商务英语二级（口语成绩为A），能够以英语作为工作语言	
工作经验		
2014年7月—2016年7月	白××健康产品集团有限公司	
职位	高级法务经理	
汇报对象	总经理（GM）	
下属人数	3人	
工作职责	• 为集团新业务模块的商业发展策略、商业模式及业务开展提供法律支持及法律意见 • 协助搭建集团风险管理体系，完成风控的全球SOP① • 为集团公司治理结构优化提供法律支持，以立项的形式开展了危机管理项目、电商业务项目和集团部分投资项目，项目覆盖亚太区 • 操作国内供应商的并购项目	
2009年7月—2014年7月	创××集团	
职位	中国区法务经理	

---

① SOP，全称standard operation procedure，即标准作业程序，指将某一事件的标准操作步骤和要求以统一的格式描述出来，用于指导和规范日常的工作。——编者注

续上表

下属人数	2 人
汇报对象	集团法务总监
工作职责	<ul><li>带领法务团队为创××集团下设不同业务单元及业务模块提供法务支持，涵盖知识产权保护（与外部顾问合作开展品牌维护、商标保护、商业秘密保护、打假、商标/专利检索、异议），草拟、审阅各类书面法律文件</li><li>参与商业谈判、合并收购项目、公司治理及合规项目，与外部律师事务所合作处理商事诉讼、劳动争议仲裁及诉讼</li><li>完善风险控制与管理体系，定期为内部客户发送新法速递、开展法律知识培训，以及对外部律所及第三方顾问工作的管理</li><li>参与总部资产收购项目</li><li>参与香港、澳门地区的商业项目法律支持</li></ul>
2006年9月—2009年7月	恒××亚洲律师事务所
职位	高级顾问
汇报对象	外商投资与公司法律事务部合伙人
工作职责	<ul><li>外商投资项目（代表处、合资公司、外商独资公司、分销权、直销、ICP[①]证的申请）</li><li>公司并购业务（尽职调查、私募股权投资交易、信托法律事务）</li><li>劳动法律事宜（劳动合同、员工手册、劳资纠纷）</li><li>公司法律事宜（公司设立、注销、清算）</li><li>知识产权（商标、专利、版权）等相关法律事务</li></ul>

---

① ICP，全称 internet content provider，网络内容服务商，即向广大用户综合提供互联网信息业务和增值业务的电信运营商。其必须具备的证件即为 ICP 证。ICP 证是指各地通信管理部门核发的《中华人民共和国电信与信息服务业务经营许可证》。比如，北京 ICP 证由北京市通信管理局核发。——编者注

续上表

2005年7月— 2006年7月	深圳××××技术责任公司
职位	拉美区域合同管理经理
汇报对象	拉丁美洲法务负责人
工作职责	• 与当地律师配合，处理海外子公司在当地的投资事宜（选择适宜的商业模式、税务筹划，参与项目谈判及合约的签订） • 处理相关合同的拟定、审核、履行监控、合同管理流程的优化工作，就风险控制及管理出具相应的法律意见，配合当地律师处理与合同相关的法律纠纷 • 负责对当地员工的聘用工作

【实训项目17：我的复盘】

我的实训项目复盘

"猎头顾问成长记Ⅰ"系列（18）

我和候选人的第一次见面

经过前期的电话面试，我们发现，人与人之间的个性非常不一样，在面对同样一个问题时，不同候选人的反应也不一样。这使我想起了葆华老师在"现代猎头原理与案例"课堂上分享的"听音识人"案例及"《人物志》中关于声音的描述"，发现与候选人沟通虽然有趣，但也充满了挑战。

我们分别与高级法务经理候选人刘炜（Cathy）、丁瑞明（Jeremy）、李强（John）进行了第一轮的电话沟通。现实是无法进行彩排的。与他们的电话沟通并没有完全按照我们事先演练的轨迹进行，因为对方的个性与场景影响，甚至没有进行比较深入的沟通就告一段落了。

尽管如此，结果还是非常不错的。虽然刘炜（Cathy）、李强（John）表示要考虑一周后给我们答复，但是这意味着还有机会。另外，丁瑞明（Jeremy）因为上班时间不方便多说，所以他希望通过邮件进一步详细了解该职位的一些信息，这些信息主要包括公司所属行业介绍、公司情况、公司组织架构、职位薪酬福利、职位的发展空间、未来需要直接汇报的上司和共事的下属情况等，而具体的面谈时间需要看完邮件之后再约。

重点来了，尽管候选人有意向，但是他需要该职位里里外外详细的信息，同时还需要看我们的电子邮件。

真是天道酬勤啊。丁瑞明（Jeremy）所需要的大部分信息刚好是我们团队前期踏踏实实收集过的。职位信息不是大问题，那么，接下来就是如何撰写电子邮件的问题，擅长文书工作的我，三下五除二就把电子邮件搞定了。

这就是团队的力量，一群人，一件事，一条心，一起拼，一定赢。

团队成员互阅邮件并进行修改，经李依可（Leo）导师确认之后便发送给了丁瑞明（Jeremy）。

团队成员一致的意见是需要重点考虑见面的事情，这里需要同时完成企业和候选人双方的工作（即对人企匹配、人岗匹配的核对）。

话说，能够有机会和候选人见面就已经是挺好的结果了。对我们这种资历尚浅、没多少社会阅历的人来说，还真不知道如何把理论运用于实践呢。

于是，我们又把李依可（Leo）导师搬出来了。

李依可（Leo）导师给我们的建议是采取结构化面试。然后和我们一起梳理了一下思路。

首先，进行岗位分析。除了分析×集团总部招聘主管朱蕾（Grace）所给的职位要求，还需要向对方要一份最新的、详细的岗位说明书，同时，咨询对方岗位说明书上不方便写的内容。

其次，明确企业测评指标。和朱蕾（Grace）进行联系，确认候选人必须具备的教育背景、能力、资质、性格类型和处世风格。

再次，设计好面试试题。虽然只是和候选人见个面，但由于我们尚未达到通过聊天就能判断一个候选人是否匹配的程度，李依可（Leo）导师建议我们根据前面的问题清单，把测评指标融入进去，在与候选人见面时，把这些材料打印好一并带过去。

最后，确认企业的考评标准。其重点在于这些标准要根据指标进行细化、具体化，最理想的方式是向我们提供×集团总部的考评标准。

听完李依可（Leo）导师的指导，我们如醍醐灌顶，头脑中的思路瞬间明了清晰起来。

行动是推动工作最好的办法。我们团队开始迅速分工。第一组人员负责沟通了解×集团总部高级法务经理岗位说明书以及岗位说明书之外的内容，确定测评指标、考评指标；第二组人员负责根据问题清单设计候选人面试试题，同时，做好面试相关的准备工作。

忙碌的时光是短暂的。很快我们就收到了丁瑞明（Jeremy）的回复，并约定了见面的具体时间和地点。

想到即将要和目标候选人见面，我们的内心不禁有点小期待……

实训项目 18　面试准备

如果事先缺乏周密的准备，那么，即使有机遇也会毫无用处。不打无准备之仗，所以，即使是面试，也要用心准备。

——编者

一、实训目的

（1）能根据客户要求、企业特点，对具体职位的面试进行前期规划。
（2）能根据客户、候选人的具体情况及相关特点进行面试设计。

二、实训加油站

公司最怕招错人，这其中的错误很大程度是从"面试"开始的。招错人的代价和成本都是极其高昂的，因此，选对人的重要性不言而喻。

面试是猎头顾问和候选人之间相互交流信息的有目的的会谈，它使双方都能得到充分的信息，以做出正确的决定，是一个双方彼此认知的过程。

猎头顾问需要通过面试来判断候选人的专业知识、岗位技能、软性特质和薪酬期望等是否适合推荐到客户方，而候选人则可以通过面试了解企业信息、职位情况和薪酬范围等，从而对目前的职位机会进行进一步的考量。

面试是否能够行之有效以及发挥优势，关键在于猎头顾问自身的素质和能力，以及对整个流程的把控能力。

面试需要一定的技术技能、逻辑性思维及判断能力，而不能仅凭感觉。比如，如何通过特定的问题挖掘自己想了解的信息，如何观察候选人，如何判断候选人所反馈信息的真伪，等等。

对猎头顾问而言，面试候选人需要具备以下素质和能力：
（1）掌握一定的面试知识和技能，熟悉面试流程。
（2）熟知职位的岗位职责和任职资格，熟悉客户公司的企业文化和制度。
（3）拥有亲和、友善、坦诚、公正的个性特征和态度。
（4）具有良好的沟通能力和敏锐的洞察力，善于捕捉面试过程中的细微变化。

(5) 拥有极强自信心、稳定的情绪，拥有驾驭面试过程和时间控制的能力。

三、实训内容、实训方式、实训步骤及实训要求

（一）实训内容

实务实训情景资料介绍

根据上一个实训项目中三位高级法务经理候选人刘炜（Cathy）、丁瑞明（Jeremy）和李强（John）的简历，经过了第一轮的电话沟通，具体情况如下：

候选人丁瑞明（Jeremy）对这个机会很感兴趣，但是上班时间不方便长时间通话，希望你能将该职位的相关信息以电子邮件的形式发给他，通过电子邮件了解情况后再与你约时间面谈。丁瑞明（Jeremy）希望了解这个职位的详细情况介绍，包括公司所属行业介绍、公司情况、公司组织架构、职位薪酬福利、职位的发展空间、未来需要直接汇报的上司和共事的下属情况等。

候选人刘炜（Cathy）、李强（John）则表示需要考虑一周之后再答复。

（二）实训方式

情景模拟、公文写作、邮件技能测试、小组展示。

（三）实训步骤

（1）请整理分析刘炜（Cathy）、丁瑞明（Jeremy）和李强（John）三位候选人的简历，对相关信息进行提炼。

（2）请你为丁瑞明（Jeremy）发送一份职位介绍的电子邮件，把握好要分享给候选人的信息的具体程度。

（四）实训要求

（1）撰写的电子邮件内容要素齐全，包括发件人、主题、正文内容、具体信息、表达等。

（2）撰写的电子邮件内容应在实训资料的基础上展开，做到有理有据、切实可行。

四、实训时间及成绩评定

（一）实训时间

建议本项目的实训时间为 2 课时。

（二）实训成绩评定

1. 教师根据小组每位成员所撰写的邮件（格式、内容、信息、具体内容、表达等）进行个人评分。
2. 教师根据小组成员的参与态度、小组邮件的质量进行小组评分。

【实训项目18：我的复盘】

我的实训项目复盘

"猎头顾问成长记Ⅰ"系列（19）

面试管理——面试及跟进

管理无处不在，缺乏管理的项目将一团混乱，寻猎项目亦如此。

前面对接的三位高级法务经理候选人，丁瑞明（Jeremy）即将与我们见面沟通，而刘炜（Cathy）和李强（John）则回复我们说要考虑一周。事实上，我们并没有停止与候选人对接沟通的工作，而是在不断拓宽我们的渠道。

这个世界有点小，尤其是对同行业的人来说。比如，我们出席一个论坛或者峰会之类的活动，刚开聊，就得知我们的同学就是对方的同事。这样的场景我似曾相识很多次。

这不，我朋友给我推荐了一位准备换工作的候选人，没想到她就是候选人刘炜（Cathy）。我加刘炜（Cathy）为微信好友后，通过对方的头像和朋友圈，发现对方有一个7岁的女儿，刚读小学。简历显示，刘炜（Cathy）今年刚好40岁了。

人到30，面临着人生诸多的考量，更何况40岁。互联网时代的年轻人真不容易啊。

对于刘炜（Cathy）的犹豫和谨慎，我们还是非常理解的，这是拖家带口和40岁年龄段人的特点：少了一些果敢和锋芒毕露，多了一些沉稳和周详的思虑。

当我理解了这个年龄阶段的生活常态和心境后，和刘炜（Cathy）的沟通竟出奇地顺畅，全然没有明显的代沟感。当然，朋友的信用、人品的加持也起着至关重要的作用。最后，我们约了晚上8点进行电话沟通。

毫无疑问，在确定预约之后，我和团队成员又开始忙碌起来。根据之前的套路，我们列出了与候选人刘炜（Cathy）电话沟通时所需要了解的问题，并按照重要性进行先后排序。

有时候，运气来了挡也挡不住。当我和候选人刘炜（Cathy）预约好电话沟通的时间后，我们团队中古灵精怪的小晏子（Kitty）接到了另一位候选人李强（John）的信息，说他下午刚好在我们公司所在办公楼附近处理公务，晚餐时间可以见面聊聊。

至此，三位候选人的沟通对接工作全部有条不紊地进行着。做猎头顾问就是这样,名声在外,外人看着高大上、充满神秘感,亲身经历者才深知其中的琐碎和对耐心的考验。

无论如何,我们需要把"管理和跟进"的理念运用到猎头业务流程中的每一个环节,这不仅是专业的要求,而且往往还会带来意想不到的收获。

说到这里,要感谢李依可(Leo)导师给我们介绍的《高效能人士的七个习惯》,并反复训练我们使用时间管理矩阵。独乐乐不如众乐乐,在此与各位一起分享。

	紧 急	不紧急
重要	I 危机 迫切问题 在限定时间内必须完成的任务	II 预防性措施、培育产能的活动 建立关系 明确新的发展机会 制订计划、休闲
不重要	III 接待访客、某些电话 某些信件、某些报告 某些会议 迫切需要解决的事务 公共活动	IV 琐碎、忙碌的工作 某些信件 某些电话 消磨时间的活动 令人愉快的活动

(资料来源:[美]史蒂芬·柯维《高效能人士的七个习惯》,中国青年出版社 2015 年版,第 177 页)

实训项目 19　面试及跟进

有效地跟进，是预防各种意外问题的关键，也是我们专业服务的体现！

——编者

一、实训目的

（1）能严格遵循面试设计的时间计划及问题清单进行完整的面试。
（2）在面试过程中熟练应用面试原则达到面试目的。

二、实训加油站

（一）面试原则

1. **充分尊重候选人**。尊重候选人是基本的职业操守。面试是两个人的沟通和对话，而不是一场拷问，猎头顾问在面试候选人的同时，候选人也在面试猎头顾问。

2. **知己知彼，准时开始，规范操作**。

（1）做到知己知彼。所谓知己，就是要了解清楚岗位职责和任职资格。所谓知彼，就是要提前收集好候选人的简历，了解候选人简历的疑惑点，明确面试候选人的目的，提前准备好面试问题。

（2）做足准备工作。列一份资料清单，提前做好准备工作。比如，打印好候选人简历、面试记录表等资料；带上公司宣传册、个人名片、本子或笔记本电脑、笔、计时器等工具。

（3）控制好面试时间。这一点体现了猎头顾问的专业性，具体体现为程序的规范性和时间的规范性。前者主要是提前告知候选人具体的流程和内容；后者主要是控制好时间节点。一般来说，面试时间控制在 1～2 小时为宜。

3. **明确面试目的**。其一，鉴别对方是否合适公司和空缺职位；其二，互相认识，建立尊重和信任的关系，为本次或长期的合作打好基础。

4. **不可偏离面试主题**。在候选人面试过程中，尤其是遇到经验丰富而又健谈的候选人时，面试话题比较容易失控。这个时候，猎头顾问要坚定而委婉地将偏离的话题拉回来。

5. 专注于候选人的核心能力。 猎头顾问面试候选人的重点要专注于对与职位要求相匹配的能力的挖掘。

6. 不宜过早谈论薪酬。 不要在刚开始面试时就谈论薪酬,那么什么时候合适呢?在猎头顾问对候选人有初步适合的判断,同时候选人表现出一定的意向性的时候,就是谈论薪酬的最佳时机。

（二）面试小技巧和注意事项

（1）面试开始时,可以以轻松的问候和非正式的问题活跃气氛,以拉近彼此的距离,让对方放松戒备心理。

（2）在面试过程中,要注意营造轻松的氛围,甚至适当地进行赞美和调侃,避免审问式的面试。

（3）面试结束时,要对候选人表达真诚的感谢。候选人离开后,做好面试记录（笔记）,面试记录（笔记）实际上可以有效地避免很多误区。因此,越是重要的职位、关键的候选人,面试记录（笔记）就应该记得越清晰、越详细。

（二）STAR 法则

STAR 法则,即**情境**（situation）、**任务**（task）、**行动**（action）、**结果**（result）4 个英文单词首字母的组合。

该法则的主要运用思路就是,由候选人对过去所在岗位的具体行为事例的情境、具体所需要执行的任务与角色、随后所采取的具体操作行动及行动所产生的结果进行叙述,以判断候选人在未来类似情况下行为的倾向性。

STAR 法则常用于面试,用来收集候选人与工作相关的具体信息和能力。比起传统的面试手法,STAR 法则可以更精确地预测候选人未来的工作表现。

将 STAR 法则应用于面试有如下几点好处:

（1）减少对候选人工作经验的误解。

（2）避免受猎头顾问主观偏见的影响,进而影响对候选人的评价。

（3）避免候选人提供含糊、空洞的资料。

为了使 STAR 法则更加简易、可行,我们可以通过以下面试提纲进行具体操作（表 6-1）。

表6-1 面试提纲

岗位名称		
考察指标	核心问题	备选问题
关键能力（工作经历）		
团队发展		
创新变革		
追求卓越		
求职动机		
求职期望		
其他		

（三）猎头顾问在面试中存在的问题

面试不仅是对候选人的考验，也是对猎头顾问的考验。面试技巧不够熟练的猎头顾问在面试中容易出现一些问题，从而影响面试的效果。这些问题主要有以下几个方面：

问题一，疏于准备，仓促上阵。 既不了解客户和职位，也不了解候选人。

问题二，跟着感觉走，不够专业。 提问缺乏针对性，没有做任何面试记录（笔记），面试后对应聘者的印象很快就消失了。

问题三，角色模糊。 说得太多，把面试当成展示自己的舞台，或过度渲染职位以吸引候选人。

问题四，晕轮效应。 这是美国著名心理学家爱德华·桑戴克（1874—1949年）提出的概念。简而概之，晕轮效应就是我们对人或事物留下的最初印象将会影响我们对此人/此事其他方面的判断。值得注意的是，有些猎头顾问在面试过程中往往会根据自己最初对候选人的简历印象给出不全面的判断。

问题五，以貌取人。 简单粗暴地以候选人的外貌来评判其能力。

问题六，强调负面信息。 过度关注候选人某一方面的缺点，甚至以偏概全。

（四）有效面试的要点

总的来说，**一次有效的面试＝充分地准备＋精心地提问＋仔细地倾听＋准确地记录＋科学地评估**。

因此，面试结束后，应快速对面试进行记录，并对候选人进行评估，以及判断下一步的行动（是否进行推荐）。

三、实训内容、实训方式、实训步骤及实训要求

（一）实训内容

实务实训情景资料

候选人李强（John）恰好今天下午在你公司所在的办公楼附近处理公务，晚餐时间可以与你见面聊。你便约他在公司楼下的西式简餐厅见面，并将具体的时间和地点发到他的手机上。

你准时到达餐厅后没有找到李强（John），于是叫服务员送了一杯水，并发信息告诉李强（John）你已经到了，在7号桌。

李强（John）比约定的时间晚了15分钟后到达餐厅，他满头大汗，一边说着不好意思，一边坐下，直接打开菜单大声呼叫服务员点餐。你向李强（John）递出你的名片，并进行了简单的自我介绍，在接下来的用餐时间，李强（John）很热情地向你分享了他的个人经历，他在2002年考上了暨南大学的国际经济法研究生，才从兰州来到广州，毕业后也一直留在华南区域发展。目前，他有两个小孩，在广州郊区和佛山都购了房，他的太太是一家本地民营企业的财务负责人。

在此期间，李强（John）接听了2个来自下属的电话，向他询问某件事情的可行性。李强（John）提到了他目前想辞职换工作的主要原因是公司内部的法律部门架构庞大而复杂，同时需要处理非常多的内部人际关系。刚刚下属的电话也是向他询问如何与同部门另一团队的同事沟通协调的事情。他认为所在公司目前的情况是内耗较多，自己在公司的晋升也会有一定的阻碍，需要疏通较多的高层关系。

听完李强（John）的自我介绍后，你向他介绍了目前×集团的职位情况。李强（John）表示非常有兴趣进一步沟通，同时希望你能多提供一些机会供他选择。餐后，李强（John）主动买了单。

（二）实训方式

头脑风暴、情景模拟、简历筛选、小组展示。

（三）实训步骤

（1）请分小组讨论，组长负责小组成员的分工和协调工作。

（2）根据以上背景信息，并结合李强（John）的个人简历，分析并判断该候选人与×集团高级法务经理一职匹配的地方，并逐一列举出来。

（3）分析并判断候选人对该职位有顾虑的地方，并逐一列举出来，讨论如何才能打消候选人的顾虑。

（4）派出代表进行分享，教师根据小组成员的表现给予评分。

（四）实训要求

（1）小组作业态度：主动参与，乐于分享，积极讨论。

（2）小组总结分享：分享时语言表达流畅，具有条理性和逻辑性，分析合理，所分享内容具备一定的判断力。

（3）在甄选与人岗匹配部分，能对前面所学的知识举一反三、融会贯通。

四、实训时间及成绩评定

（一）实训时间

建议本项目的实训时间为2课时。

（二）成绩评定

（1）态度：积极参与，乐于分享，有团队意识，投入角色。

（2）内容：准备充分，资料翔实，角度全面，接近实际操作效果。

（3）判断力：对候选人及人岗匹配的判断有理有据。

【实训项目19：我的复盘】

我的实训项目复盘

模块六　面试评估及匹配

【模块总结】

面试工作是猎头顾问整个招聘项目环节中的核心部分，能否通过高质量的面试筛选出合适的候选人，会影响猎头顾问的推荐质量，并最终决定整个项目的成败。

面试的过程既是猎头顾问甄别候选人的过程，也是候选人选择是否进一步与猎头顾问合作、判断猎头顾问是否专业以及是否值得信赖的过程。

面试可以被理解为水平测试，既是候选人自身能力的展现，也是猎头顾问专业水平的体现。

猎头顾问如何提升自身的面试技术和水平，值得思考。毫无疑问，"台上一分钟，台下十年功"同样适合面试，需要面试前的精心准备，更要平时的勤学苦练，善于反思和总结。所有的精进莫不如此。

【实训感悟】

我的实训感悟

模块七 候选人的推荐、背景调查，客户面试及聘用

【项目概览】

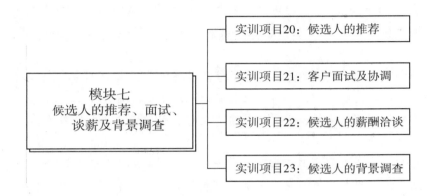

【模块目标】

- （1）了解推荐报告的内容及原则。
- （2）能够初步客观、公正地撰写推荐报告。
- （3）能够初步安排和组织客户面试候选人。
- （4）能对面试情况进行评估和反馈。
- （5）能根据客户需求完成对候选人的背景调查。

"猎头顾问成长记 I"系列（20）

毛遂自荐？不，路彬彬的候选人推荐

一番沟通对接下来（俗称"猎头顾问面试候选人"），团队全体成员最终一致认为刘炜（Cathy）的各项条件最吻合×集团高级法务经理一职的要求。但是，为了谨慎起见，一共推荐了三位候选人，分别是刘炜（Cathy）、丁瑞明（Jeremy）、李强（John），其中以刘炜（Cathy）为主推候选人。

再次和职业导师李依可（Leo）确认完三位候选人的选择之后，我们着手准备候选人的推荐事宜。

李依可（Leo）导师所属公司的管理非常规范。到了候选人推荐环节，她便开始给我们讲解候选人推荐报告的撰写及注意事项。

学知识的最高境界，讲究的是举一反三、触类旁通、融会贯通，大道至简，殊途同归。

在"现代猎头原理与案例"课堂上，我和团队的小伙伴们已经系统学习了候选人推荐报告的撰写相关知识。因此，李依可（Leo）导师没有长篇大论，仅向我们强调了两个重点。

第一个重点是候选人的简历要最新且完整。简历尽量体现目前的真实状态，时间要具有持续性，也就是不能断档。

第二个重点是候选人推荐报告要有据可依、要素齐全。有据可依，强调以公司岗位说明书及补充内容为参照，以沟通记录、面试记录为依据。由此可见，平时养成做记录的习惯有多重要。而要素齐全，则强调的是推荐报告应该包含候选人的基本情况；当前薪资情况及未来薪酬期望值；教育背景、知识与技能结构；过往经历与主要业绩；个性特征与管理风格；核心胜任力要素构成及优劣势分析；猎头顾问的推荐建议；等等。

讲完重点之后，李依可（Leo）导师把所属猎头公司的《候选人推荐报告》模板发给我们填写。

看着眼前的《候选人推荐报告》模板，我忽然思绪飘扬，觉得猎头顾问也需要文武双全。武，即开拓市场中的陌生拜访电话、各种出差开拓客户和沟通洽谈；文，即各个环节的文书工作，比如撰写合作协议、项目计划书、项目方案、简历推荐报告、背景调查报告等。

拉回思绪，我开始和小伙伴们琢磨如何完成这份《候选人推荐报告》。

毕竟，一个企业招错人的试错成本是巨大的，我们的推荐质量至关重要。

当年的毛遂自荐请从赵使平原君求救于楚，最终说服楚王许纵约，歃血盟于堂下，并遣春申君率军救赵。此典故流传至今。

可惜我们后人却忽略了，毛遂的才能并不在领军打仗，而主要在外交合纵联盟。把不合适的人放在不合适的位置做不合适的事，就是把才能用错了地方，后果可能会是非常可怕的。最终，毛遂带领的赵国军队和燕国军队在昌都一战，被燕国军队灭了十之八九，毛遂也因为无颜见人而自我了断。一位充满才华的文人就此饮恨而逝，实在让人惋惜。

历史不能重演，人生无法彩排。但我们可以以史为鉴，以史为镜，从他人的经验教训中吸取智慧，尽量优化人才的使用。

猎头顾问虽然推荐一人定江山（企业）的机会不多，但会影响团队和公司的口碑。

综合来看，我和团队的小伙伴们最终决定主推刘炜（Cathy）的因素众多，比如，朋友的背书、北京大学名牌高校的加持、留学比利时根特大学法学院的独特经历、担任过法律事务部和涉外法务经理，而×集团总部未来也将逐步加大海外市场的开拓，刚好非常契合。但作为推荐策略，我们一次不能只推荐一个人，而是至少需要三个人。

我们写完了三份《候选人推荐报告》后，便通过电子邮件发送给了×集团总部招聘主管朱蕾（Grace）。接下来我们所能做的就是静候佳音……

实训项目 20　候选人推荐

一般来说,每个公司都有自己的人才候选人推荐报告模板,其核心都是企业方所关心的内容。我们不建议猎头顾问不写推荐报告就直接把人才候选人的简历发给企业客户方。

——编者

一、实训目的

(1) 熟练地掌握候选人推荐要点,熟悉搭建候选人的推荐框架,并填充相关要素。

(2) 熟练地完成候选人的推荐报告,并且推荐报告做到语言专业、简洁、无谬误。

3. 熟悉推荐报告的格式及内容,能够熟练地撰写多个行业、多个岗位不同候选人的推荐报告。

二、实训加油站

（一）确认候选人最新完整简历

确认猎头顾问手上拥有的是候选人最新且完整的简历。

1. **最新**。就是指要更新到候选人最近的状态,无论是在职还是离职,都需要展现候选人目前的真实的状态。

2. **完整**。就是指从候选人上大学开始,一直到现在,他的每一份工作都要包含在内,时间链条完整。如果简历中出现较长时间的断档,则需要向候选人了解清楚当时的具体情况,并在推荐报告上加以说明。

（二）撰写人选推荐报告

根据前期与候选人的沟通记录、面试记录,撰写对该候选人的推荐评价。评价应包括该候选人与职位之间的匹配情况、所具备的核心能力及软性特质、猎头顾问自身对候选人的判断。

一般而言,候选人的推荐报告包含以下七个部分:

第一部分：推荐建议。这部分内容强调对该候选人主要特点的总结，特别是要描述清楚其加盟该企业之后，能够为该企业带来哪些改进或收益。

第二部分：候选人基本信息。这部分主要展现候选人的个人基本情况，包括候选人的真实姓名、年龄、婚姻情况、所在地及教育背景等。

第三部分：候选人的薪资情况。这部分主要体现候选人当前的收入情况以及对未来工作在薪酬上的期望值。对目前薪酬情况和对未来工作的薪酬期望值的描述应当具体。如候选人抱可协商的态度，可以在推荐报告上体现；如候选人有更具体的期望，则可以用期望薪酬的大致范围（比如88万左右）或百分比（比如在原来薪酬的基础上增加20%）来体现。

第四部分：候选人的知识与技能结构。这部分主要描述候选人的教育经历、培训经历以及职称、技能与特长，重点突出与企业需求相吻合的部分。

第五部分：候选人过往经历与主要业绩描述。这部分重点描述候选人在各工作单位所创造的主要工作业绩，包括候选人的工作年限、相关行业经验以及与职位匹配的关键点。在此，需要注意突出候选人与职位要求的匹配点。

第六部分：候选人的个性特征与管理风格倾向。这部分重点描述候选人的个性特征及管理风格的倾向。尤其是在与所需要推荐的客户创始人和高层管理人员风格、企业文化等进行匹配之后，候选人值得被推荐的个性特征与管理风格。

第七部分：候选人的优劣势分析。这部分重点突出候选人的优势，否则就不值得推荐，也无须写推荐报告了。需要根据候选人履历中的个人信息、教育背景、从业经历等信息，梳理、分析所要推荐的与客户匹配之后得出的候选人的优劣势。

第八部分：核心胜任力构成。这部分通过面试中判断出候选人所具备的6～8个核心胜任力，以此来判断其具备的核心胜任力与该岗位所应具备的核心胜任力之间的匹配度。

（三）再次检查推荐报告

撰写完候选人推荐报告之后，需要通篇阅读，除了要核对上述八个部分的内容，还需要注意格式、字体、商业化的专业语言。以下为报告示范（见表7-1）。

表7-1 候选人推荐报告

推荐职位 人力资源副总监	
➤ 综合评价 张文先生： 拥有9年的人力资源与培训工作经验 具有较强的管理能力与专业水平，多年大型集团企业工作经验，了解中国企业现状 具有多个实际项目的运作经验，对企业价值链各个环节及运作流程有宏观认识 具备系统搭建企业大学的实操经验对企业学习体系有深入的理解认知，具有丰富的实操经验 年轻，精力充沛，有大局观，性格外向而不失冷静，充满激情而适度内敛	
➤ 个人资料	
候选人姓名	张文
出生日期	1980年11月
婚姻状况	已婚
性别	男
所在城市	福州
目前薪资	78万元/年（50000元/月×12个月+年终奖）
薪酬期望	可协商
学历	1999年9月—2003年7月，中国科学技术大学人力资源开发与管理，本科
培训经历	2009年9月—2009年10月，SBTI公司营运六西格玛绿带培训 2009年5月—2009年6月，中国质量协会《卓越绩效评价准则》
专业资格	《〈卓越绩效评价准则〉国家标准企业自评师证书》 《高级秘书职业资格证》（中国质量协会颁发） 《六西格玛营运绿带证书》（SBTI颁发）
语言能力	英语四级，日语四级
➤ 工作经验	
2013年1月至今	中国联合网络通信有限公司
公司描述	中国联合网络通信集团有限公司于2009年1月6日在原中国网通和原中国联通的基础上合并组建而成，在国内31个省（自治区、直辖市）和境外多个国家和地区设有分支机构，是中国唯一一家在纽约、香港、上海三地同时上市的电信运营企业，连续多年入选"世界500强企业"。中国联通主要经营GSM和WCDMA制式移动网络业务、固网宽带业务、宽带移动互联网业务

续上表

职位	人力资源副总经理兼培训中心主任（副处级）
汇报对象	公司分管领导（总经理直属）
下属情况	50 人
工作职责	<ul><li>公司人力资源总顾问，能力发展策划师</li><li>建立学习型组织</li><li>筹建企业大学分院</li></ul>
2009 年 5 月—2012 年 12 月	王牌集团有限公司
公司描述	王牌公司始创于 1983 年，是一家以服饰研究、设计和制造为主，集销售为一体的综合性集团公司，目前，企业净资产 8.61 亿元，拥有世界一流的服装生产设备，已在全国 31 个省（自治区、直辖市）设立 3000 多家专卖店。2001 年以来连续 10 年产品销售收入、利润总额名列全国服装行业前十位
2011 年 11 月—2012 年 12 月	王牌大学项目经理（副总监级别，原有职位兼任）
下属情况	8 人
汇报对象	项目总监、董事长
工作职责	<ul><li>全面负责集团企业大学（王牌大学）筹建工作，整合内外部资源，系统明确王牌大学战略定位、组织目标与远景、软硬件整体建设规划等</li></ul>
工作业绩	<ul><li>2012 年，王牌大学完成战略规划与营运规划，制订全员学习地图，并系统开展师资（含内外部师资）及课件开发与评审工作</li><li>2012 年，基于集团战略发展目标，王牌大学完成下辖学院组织架构设置，分设零售管理学院、营销管理学院、供应链管理学院及领导力发展学院四大机构，并开展初期运营，在初期（第一阶段）四大学院的基础上，于 2012 年上半年设立了王牌大学两大职能管理部：培训运营管理中心、培训资源管理中心，分别承接王牌大学培训运营体系与资源课程开发体系</li></ul>
2009 年 5 月—2012 年 4 月	集团高级培训经理（兼企业文化中心经理）

续上表

汇报对象	集团副总裁
下属情况	15人
工作职责	<ul><li>全面负责集团培训工作,完善企业培训制度流程,搭建课程体系组织具体培训项目,在不断提升企业学习能力的同时,着手筹建企业商学院(王牌大学)</li><li>负责集团培训体系的框架建设,所有制度、流程及表单均运作良好</li><li>建立集团量化培训管理机制,设立资源管理、需求管理、营运管理三大基础环节,每周统计数据,每月定期分析数据</li><li>负责入职培训体系、专业提升体系及管理提升体系,三大培训课程体系基本建立,内部讲师培养平台、网络学习平台完善,保障集团二级培训管理体系运作顺畅</li><li>启动搭建集团内部人才培养机制,制订导师培养计划,建立储备干部培养档案。系统开设集团各级梯队管理人才训练班(包含后备经理、高级经理、后备总监、总监级以上四个层级),目前运作效果良好</li></ul>
工作业绩	<ul><li>企业内部学习氛围空前,培训项目显著增多(平均每月约40个项目),且所有培训资源监控到位,年度预算有序进行</li><li>内部人才培养机制的建立、管理训练班的开设及储干人才培养计划的实施,给企业内部人才成长通道及培养环境带来了明显的改善,企业文化为之一新</li><li>2010年8月起,兼职企业文化中心经理,负责内刊编辑(创刊号《SEVEN柒》)、企业价值观梳理、员工活动策划组织与实施等</li><li>成功举办两届"集团年度十佳歌手大赛",并形成王牌文化传统,成功举办"2010—2011年度集团尾牙暨评优大会""温馨明月夜,王牌大家庭——2011中秋博饼晚宴""全员健身计划""2011—2012感悟时尚、恩承中华,集团年度尾牙欢庆晚宴"等重要活动</li></ul>
2008年4月—2009年4月	广东大和生活电器制造有限公司
公司描述	广东大和生活电器制造有限公司成立于1998年,是厨房电热产品专业制造服务商,年销售规模50亿元人民币,主要产品包括电饭煲、电磁炉、饮水机、电水壶、电压力锅、净水设备、电火锅、慢炖锅、油炸锅等,年产各类电器超过5000万台

续上表

2009年2月—2009年4月	人力资源经理
2008年4月—2009年2月	人力资源主任
汇报对象	副总裁
下属情况	5人
工作职责	• 重点负责事业部整体招聘与培训工作，参与绩效与干部管理工作 • 指导并支持事业部下属7个单位的人力资源工作良好开展
工作业绩	• 在职期间，曾根据在空调事业部的经验，在4C[①]培养体系的基础上，结合生活电器事业部的实际现状，制定出企业《梯队人才管理办法》，搭建"管理人员学习班"，并引入咨询式培训管理模式，取得了良好的效果 • 成功策划并举办事业部所有中高层管理分析年会，组织事业部开展量化管理项目，组织搭建外籍专家课程体系；作为核心人员参与美的集团校园招聘流程制定项目，同时，组织开展多个重点专项咨询培训项目（如研发流程优化、采购招标系统、品类品牌运作等），对企业经营给予了有力支持
2005年3月—2008年3月	广东大和生活电器制造有限公司
公司描述	广东大和生活电器制造有限公司隶属于广东美好制冷家电集团，是广东美好制冷家电集团旗下十几家注册公司之一，是集家用、商用空调和大型中央空调开发、生产、营销、服务于一体的大型企业，拥有国内配套最齐全、规模最庞大的各式空调专业生产线及国家级技术研究中心和博士后流动工作站
2006年9月—2008年3月	培训主管
汇报对象	人力资源总监
工作职责	• 负责事业部及下属各单位（含生产、销售、研发等）培训管理工作 • 在职期间，曾搭建空调事业部干部4C培养体系，以美好集团管理人员核心胜任力模型为基准，对各级梯队人才进行培养，取得了显著的效果

[①] 许多企业提出了"4C人才培养体系"，4C主要是指 creativity（创造力）、critical thinking（批判思维）、communication skill（社交技能）、collaboration（协作能力）。——编者注

续上表

工作业绩	• 广东大和生活电器制造有限公司空调事业部成为美好集团的人才输出基地，该项目也得到了集团的重视
2005年3月—2006年9月	人力资源主管
汇报对象	体系支持部部长
工作职责	• 主要负责广东大和生活电器制造有限公司国内营销团队的培训和招聘工作，兼负责国内市场中南片区（7个省市）的市场支持工作，协助片区销售总监进行管理 • 因在职期间策划并举办的"营销人才基础班—提升班—特训班"取得了较好的效果，为营销公司输出了大量可用的实战型人才，同时被升职调往事业部总部，任职广东大和生活电器制造有限公司空调事业部总部的培训主管（无经理）
2003年9月—2005年3月	浙江京东方显示技术股份有限公司
公司描述	浙江京东方显示技术股份有限公司自1993年成立以来，以VFD主业为依托，全面实施小尺寸显示器件领域多元化战略，不断开拓新的产业，形成了VFD、VFC、LED、IEM等系列产品。10年来，ZBOE在VFD主业产能增加10倍的基础上，依靠不断的技术创新，在做强VFD的道路上迈出了坚实的步伐，成为目前国内最大、全球第三的VFD生产基地和研发中心。公司现有总资产5亿元，占地面积111334平方米，建筑面积52000平方米，员工1800余人
2004年9月—2005年3月	人事培训科副科长
2003年9月—2004年9月	人事培训科科员
汇报对象	人力资源部长
工作职责	员工培训管理、招聘管理、人事管理
工作业绩	较好地完成了本职工作。因在短时间内完善了所有相关资料，确保企业顺利通过了TS16949认证体系和ISO 9001体系，在毕业一年之后即被提升为人事培训科副科长，并兼任质量体系内审员

猎头顾问：路彬彬（Rubin）

联系方式：020 - ×××××××

2021年10月10日

三、实训内容、实训方式、实训步骤及实训要求

（一）实训内容

实务实训情景资料介绍

请为上一个实训项目中高级法务经理的候选人刘炜（Cathy）制作一份候选人推荐报告。

（二）实训方式

情景模拟、简历推荐报告制作、小组展示、小组点评。

（三）实训步骤

（1）此实训项目为个人实训任务。

（2）学生阅读上一个实训项目中高级法务经理的候选人刘炜（Cathy）的简历。

（3）根据基本知识点及《候选人推荐报告》范例，提炼候选人的相关信息，并制作候选人推荐报告。

（4）把候选人刘炜（Cathy）的推荐报告发送至教师指定的课程邮箱［此时教师的角色为×集团总部招聘主管朱蕾（Grace）］，教师根据学生所提交的候选人推荐报告进行评分。

（5）教师抽取若干份优秀作业，在下一堂课进行分享和点评。

（四）实训要求

（1）推荐报告细节处理良好，所撰写的候选人评语贴切、符合实际，没有脱离候选人的简历内容及所推荐企业的相关情况。

（2）推荐报告准确无误，没有信息的缺失，邮件格式符合公文往来的要求。

四、实训时间及成绩评定

（一）实训时间

建议本项目的实训时间为2课时。

（二）成绩评定

1. 结果：独立完成，对候选人的评语有自己的见解和思路。
2. 态度：积极参与，分析全面，注意细节，简洁大方。
3. 内容：能根据候选人的简历和所推荐的客户信息进行提炼。

模块七 候选人的推荐、背景调查，客户面试及聘用

【实训项目20：我的复盘】

我的实训项目复盘

"猎头顾问成长记Ⅰ"系列（21）

不是东道主的东道主——客户面试协调

没过多久，终于传来佳音。

×集团总部招聘主管朱蕾（Grace）给我们回复了电子邮件，部门领导审阅三份《候选人推荐报告》之后，对候选人刘炜（Cathy）的印象非常不错，想约她来公司参加面试，希望我们能够和她协调沟通面试事宜。

朱蕾（Grace）给出了建议的面试时间（可安排的时间主要有：本周三下午2点后、周四上午10—12点、周五下午3—5点）和地点（公司总部），需要我们确定好刘炜（Cathy）方便的时间和地点。

收到邮件后，我们第一时间跟刘炜（Cathy）联系及协调面试的时间和地点，以确认接下来的安排。

非常尴尬的是，刘炜（Cathy）回复我们说她本周在外出差，只有周五下午可以赶得上面试，但没有时间整理英文简历。同时，刘炜（Cathy）有不少熟人在×集团工作，目前她求职的状态是保密的，不想让太多人知道，所以她希望能够去其他地方面试，或者视频也可以。

面对这种困难的局面，我们的意见是尽量兼顾双方，时间方面可以在朱蕾（Grace）所给范围内选择，而保密方面则尽量照顾刘炜（Cathy），以降低不必要的风险。

经过内部的讨论之后，我给朱蕾（Grace）发送了电子邮件，给出我们的回复：非常感谢朱蕾（Grace）以及领导层所给的机会和认可，鉴于刘炜（Cathy）的情况比较特殊，面试时间安排在周五下午3—5点，英文简历则后续再补上。至于地点，调整为×集团总部附近的咖啡馆包厢，或者选择远程视频面试。

也许是刘炜（Cathy）的优秀打动了×集团总部管理层，也许是×集团总部管理层的诚意十足，×集团最后采纳了我们的建议。面试地点选择了其总部附近的一家咖啡馆包厢。

当我们把×集团总部的回复反馈给刘炜（Cathy）时，能明显感受到对方情绪的一点小起伏，或许是因为公司的诚意，也或许是因为她对该公司及职位的期待。

我们也真心期待这次客户和候选人的面聊一切如意……

实训项目 21　客户面试及协调

研究表明，在带给别人的第一印象中，约有 10% 是能力表现传达的，30% 是肢体语言传达的，60% 是根据着装和相貌传达的。由此可见，个人形象是多么的重要。即使留下美好的第一印象未必被录取；但是，留下不好的印象，是一定没有机会录取的。

——胡晓闲

胡晓闲：《〈老友记〉：比〈爱情公寓〉还要搞笑的情景剧，竟是一部职场指南》，https：//baijiahao.baidu.com/s？id=1655259065609103719&wfr=spider&for=pc。

一、实训目的

（1）能流畅完成客户的面试安排，对可能遇到的困难能提前提醒双方考虑。

（2）对双方的异议能提供解决方案，并顺利协调。

二、实训加油站

在对目标候选人进行推荐之后，猎头顾问需要对客户就该候选人的初步意向做出及时的跟进。了解客户审阅候选人报告之后对候选人的初步评估，包括该候选人是否与本职位核心需求的匹配，是否有需要猎头顾问阐析清楚的地方，以及是否存在顾虑。如客户认为候选人与职位并不匹配，则需要详细询问原因，了解猎头顾问自身对职位的理解和客户的选才标准存在的差距，及时修正候选人搜寻方向，为下一次精准推荐做好准备。同时，要及时对候选人进行反馈，保持与候选人长期合作的关系。

得到客户的面试邀约之后，猎头顾问开始安排客户及候选人双方面试，主要完成以下内容：

1. 征求双方的意见。就面试进行的方式（候选人到访客户办公室面试／线上面试）、时间、具体地点进行确认。

2. 协调环境及时间。候选人或客户对邀约有异议时，应积极协调，尽量提供多个方案供双方选择。

三、实训内容、实训方式、实训步骤及实训要求

（一）实训内容

实务实训情景资料介绍

朱蕾（Grace）回复了你的推荐邮件。

亲爱的路彬彬（Rubin）：

你好！

公司领导审阅了你所推荐的三位候选人，最终一致认为候选人刘炜（Cathy）非常不错，部门领导想约她过来公司参加面试。目前可以安排的时间有：本周三下午2点后，周四上午10—12点，周五下午3—5点。

请你今天下班前与候选人确定好时间以后答复我，谢谢。

另外，本职位对英文有要求，请刘炜（Cathy）在面试前补充英文版的简历。

祝你工作愉快！

朱蕾（Grace）
2021年12月20日

可现实的情况是，刘炜（Cathy）告诉你她本周在外出差，只有周五下午才赶得上面试，且没有时间整理英文简历。

同时，刘炜（Cathy）有不少熟人在×集团工作，目前她求职的状态是保密的，不想让太多人知道，希望能够去其他地方进行面试，或者视频面试。

（二）实训方式

情景模拟、技能测试、小组展示、小组点评。

（三）实训步骤

请你根据以上背景情况撰写一封电子邮件，答复朱蕾（Grace）关于候选人刘炜（Cathy）的面试安排。

（四）实训要求

1. 注意沟通中对重点信息的确认。
2. 准确传达候选人的要求。

四、实训时间及成绩评定

（一）实训时间

建议本项目的实训时间为 2 课时。

（二）成绩评定标准

1. 作业：是否独立完成，是否准确表达了面试时间、面试地点等重要信息。
2. 内容：邮件中的语言是否得体、高效，逻辑是否有条理，等等。

【实训项目21：我的复盘】

我的实训项目复盘

"猎头顾问成长记 I"系列(22)

难离人间烟火——候选人的薪酬磋商

吸引力法则告诉我们:相信就是力量!我们相信什么,就会吸引到什么。当我们心怀美好,期待好的结果时,最后就美梦成真了,这就是积极心态带来的力量。

根据×集团总部招聘主管朱蕾(Grace)的反馈,×集团总部管理层和候选人刘炜(Cathy)的沟通非常愉快,对候选人刘炜(Cathy)的印象非常好,接下来将向其发送录用通知(offer)。

虽说谈钱伤感情,但作为猎头顾问不谈钱是不可能的,否则,这既是对候选人和企业客户不负责任的行为,又会为后续环节埋下隐患。

为了更好地评估双方的切合点,职业导师李依可(Leo)建议我们同时评估企业客户方的薪资范围和候选人的现有薪酬及期望值,然后才做出决策。

于是,经过团队小伙伴们的头脑风暴之后,我们设计了一份表格,并以电子邮件的形式发送给了朱蕾(Grace),希望对方能够能用表格的方式具体化能给出的薪资项目、范围及计算方式。以下是我们设计的表格(见表7-3)。

表7-3 企业客户薪资项目、范围及计算方式

序号	企业客户薪资项目	薪资范围及计算方式
1	月薪	
2	季度奖	
3	年终奖	
4	股票期权	
5	带薪节假日	
6	五险一金	
7	车补	
8	房补	
9	其他	

由于×集团总部最初给出的薪酬只是一个笼统的数字,无法得知具体由哪几部分组成,我们便通过表格的方式使其具体化,以便与候选人现在的薪酬进行明确的比较。

当我们收到朱蕾(Grace)回复的电子邮件时,还是被惊到了,对方所给的薪酬项目已经非常详细了,当然,提出的要求也不低。我们把所有的项目金额汇总了一下,发现仅现金收入部分就快接近70万元(月薪5万元+五险一金+车补1.2万元/年+房补3.6万元/年)(见表7-4)。

表7-4 ×集团总部高级经理或总监薪资项目、范围及计算方式

序号	企业客户薪资项目	薪资范围及计算方式
1	月薪	5万元
2	季度奖	月薪÷3×季度目标达成比例(80%以上)
3	年终奖	根据今年的业绩目标,基数在20万元,根据达成比例发放,需要80%以上才发
4	股票期权	高级经理、总监级别,30万~50万元,具体待定
5	带薪节假日	按国家法律规定执行
6	五险一金	以月薪5万元基数缴纳
7	车补	每月提供1000元交通补贴
8	房补	每月提供3000元住房补贴
9	其他	体检、亲属生日礼物等

对候选人刘炜(Cathy)的薪酬,我们也只是从简历中知道对方目前薪资是年薪70万元,也不知道具体由哪些项目组成,是否包含了股票期权等。于是,我们在给朱蕾(Grace)发送表格的同时,也发送了一份给刘炜(Cathy),希望对方能够提供目前其具体的薪酬项目及金额。

根据我们内部团队的预判,仅仅从薪酬的角度来看,已经比较有吸引力了,关键看是否有其他的影响因素。

实训项目 22　候选人薪酬洽谈

但凡涉及薪酬，猎头顾问都务必谨慎对待。不仅需要再三确认企业客户的薪资范围和具体项目，还需要再三确认候选人的现有薪资及预期。

——编者

一、实训目的

（1）熟练地掌握薪酬谈判流程以及注意事项。

（2）能站在人力资源经理及候选人的不同角色进行考虑，并能切身处地地提出双方对同一问题的不同考量。

3.当双方出现分歧时，能协助双方进行沟通，协调双方最终达成共识。

二、实训加油站

（一）候选人的角度

薪酬谈判的过程既是沟通的过程，也是双方博弈的过程。除了把握基本的沟通原则外，更多地应不断转换候选人和客户的角色，从对方的角度考虑，这样更有利于把握双方的心理，从而展开谈判。

候选人在多轮面试的过程中，对薪酬的期望值可能会因对客户和职位的深入了解而有所调整。

猎头顾问应在候选人每一轮面试完毕之后，确认其对薪酬的期望值。如发现有较大变化，则应探究原因，并加以管理。同时，了解影响候选人做出决策的其他因素，比如发展平台、职位、管理属性、福利、上班地点、公司属性（外资）、行业领域、公司名气等，以便对其在薪酬方面的期望值做出总体评估。

（二）企业客户的角度

一般而言，客户在发出入职通知书之前，会要求候选人提供目前薪酬情况的证明文件，以确保候选人目前收入情况的准确性。此类文件包括工资单、收入银行流水、由雇主发出的正式收入证明等。

猎头顾问在这个过程中，应协助候选人梳理目前的薪酬及福利结构、具体数字，以确保客户能得到候选人准确、完整的收入情况，作为入职薪酬的重要参考。

（三）猎头顾问的角度

在客户发出入职通知书后，猎头顾问应确认入职通知书上的信息与候选人所面试时的岗位相关信息是否一致，如职位、薪酬情况、职责和福利待遇等。

（四）薪酬谈判的基本原则

（1）心态平和，站在候选人和客户的立场换位思考。
（2）未经客户确认，不对候选人做出过度承诺。
（3）在整个磋商过程中及时反馈双方的想法。
（4）避免成为客户与候选人之间的传声筒，应对可能性有预判并准备好应对方案。
（5）适当运用沟通或谈判技巧。
（6）做好长期作战的准备。

三、实训内容、实训方式、实训步骤及实训要求

（一）实训内容

实务实训情景资料介绍

为×集团B公司即将雇佣其HT品牌电商总监的候选人艾撒贝（Isabel）收集薪酬证明。

在前期的面试过程中，艾撒贝（Isabel）告诉过你她目前的薪酬情况是月薪大约5万元人民币，一年发放13个月的薪水（简称"一年13薪"），有季度奖和年终奖，还有公司的股票期权，现金收入部分总计80万元人民币，股票期权现在的市值大约30万元人民币。

B公司的人力资源经理王颖（Wing）侧面透露给你，预计×集团B公司HT品牌电商总监这个职位的现金收入部分在90万元人民币左右，薪酬结构是一年发放13个月的薪水（简称"一年13薪"），季度奖金＝月薪÷3×季度目标达成比例（80%以上才有），年终奖金（根据今年的业绩目标，基数

在 20 万，根据达成比例发放，即达成 80% 以上才发），总监级别的股票期权通常在 30 万~50 万元，具体金额待确定。

王颖（Wing）希望你能赶紧将艾撒贝（Isabel）目前的薪酬具体情况、薪酬期望以及最快可以入职的时间通过电子邮件发给她，并希望能够及时为艾撒贝（Isabel）做薪酬设计并开始公司内部的入职流程，以便尽快给艾撒贝（Isabel）发入职通知书，使其早日到岗。

在你与艾撒贝（Isabel）前期的沟通中，她一直不太愿意分享给你关于她个人薪酬部分的详细情况，现在已经到了要为她走入职流程的阶段了。

（二）实训方式

情景模拟、角色扮演、沟通实操。

（三）实训步骤

（1）划分小组，组长负责组织小组成员进行薪酬磋商的实训作业。

（2）请根据上述实训内容，收集、梳理、提炼对"薪酬磋商"有帮助的相关信息，并逐一罗列具体信息。

（3）写出准备与艾撒贝（Isabel）进行沟通的话语艺术，并在小组内进行演练。

（4）派出代表分别扮演猎头顾问路彬彬（Rubin）及候选人艾撒贝（Isabel），并进行展示。

（5）教师和学生对各组所展示的内容进行点评。

（四）实训要求

（1）划分小组，组长负责协调分配角色、内部演练和模拟情景展示。

（2）综合运用各种谈判沟通的技巧，比如语言、声音、肢体动作等。

四、实训时间及成绩评定

（一）实训时间

建议本项目的实训时间为 2 课时。

（二）成绩评定

（1）态度：组长是否履行职责，小组成员是否主动参与、踊跃发言。

（2）内容：是否认真梳理并设计了相关话语艺术，是否运用了薪酬谈判的基本原则。

（3）其他：情景演练中的语言是否得体，语音语调是否妥当，肢体语言是否匹配，等等。

【实训项目22：我的复盘】

我的实训项目复盘

"猎头顾问成长记 I"系列（23）

当一回猎场侦探——候选人的背景调查

经过团队的努力，通过多种途径和方式与候选人刘炜（Cathy）进行沟通，终于，她选择了加入×集团总部。

×集团总部招聘主管朱蕾（Grace）动作迅速，当天就通过快递把入职通知书发给了刘炜（Cathy）。刘炜（Cathy）答应在收到入职通知书后即回签，然后向现任公司提出离职申请，预计一个月左右的时间可以入职×集团总部。

按照公司招人的程序，一般均需要对候选人进行背景调查。朱蕾（Grace）希望我们能够两周内给她提供一份刘炜（Cathy）的背景调查报告。

来到这个环节，职业导师李依可（Leo）又开始了培训活动，主要是给我们梳理候选人背景调查报告的框架内容。

一、准备工作

1. 提前与候选人沟通，征得同意，获得授权。
2. 确定调查对象与范围，可以参考360度考核方式，多方位地进行验证。
3. 熟悉公司候选人背景调查报告模板的内容。
4. 按照公司候选人背景调查报告模板制订调查提纲。
5. 撰写候选人背景调查话语艺术，并与团队成员进行练习。

二、组织实施

主要根据候选人简历的逻辑顺序进行，包括教育背景中的学历、工作经历、工作单位、工作业绩、资格资质等。

三、资料整理

把简历搜索、简历筛选、电话面试、企业面试、邮件往来、电话背景调查记录表等相关资料全部梳理一遍，只要是有用的信息，皆可使用。

四、报告撰写

候选人背景调查模板主要包括被调查人的情况介绍、需调查及核实的内容、被调查人对候选人的评价等。

在开始候选人背景调查时，我们还担心是否会出现"现代猎头原理与案例"课程上老师所说的充满变数的场景。然而结果却出乎我们的意料，候选

模块七　候选人的推荐、背景调查，客户面试及聘用

人非常配合，也提供了很多证明人的名单以及联系方式。

有人说，运气也是实力的一部分，在经历了这些流程、接触了这么客户和候选人之后，我深以为然。

刚好遇到了优质的候选人，又遇到了非常大气、易沟通的企业及招聘对接人，候选人与所推荐的企业和岗位也很匹配，于是，猎头顾问不仅节省了很多时间、精力，还获得了良好的业绩。

经过一番背景调查、把所有收集到的资料整理完毕之后，背景调查报告就算完成了。

实训项目 23　候选人背景调查

并不是所有的企业都有对人才候选人的背景调查要求。但是，作为一名专业的猎头顾问，如果从筛选简历环节就开始留意相关细节，用以后续核对，无疑会为我们在选人时多提供一些参考。

——编者

一、实训目的

（1）熟练地掌握候选人背景调查流程。

（2）能协助候选人对背景调查进行相关准备，并提请候选人及时对所需资料进行完善。

二、实训加油站

候选人的背景调查可能会出现在招聘的多个环节，比如，在提供了简历之后，或者是在经历了客户的面试环节之后，甚至有可能是在客户发出录用通知之后。

鉴于候选人的背景调查是一项技术活，我们需要注意以下几点内容：

1. 建议进行候选人背景调查。虽然有些企业并不重视候选人的背景调查，但是本书强烈建议猎头顾问对候选人进行背景调查，并且在企业客户面试之后就进行。当然，如果企业客户不需要对候选人进行背景调查，对候选人非常满意，则另当别论。

2. 背景调查要征得候选人同意。可以给候选人发送正式的邮件，也可以让候选人签订背景调查同意书。候选人同意后，猎头顾问才可以开展背景调查工作。根据客户提供的背景调查要求，由候选人提供背景调查人员，供猎头顾问进行背景调查工作。

值得注意的是，部分候选人可能还处于在岗在职的状态，并未提出离职申请，针对这种情况，直接在当下进行背景调查是极为不合适的，可以与候选人沟通，签订个人信息真实保证书，约定在候选人离职后（此时可能已经入职到甲方企业）再进行背景调查。如果在背景调查过程中发现其信息与之前个人提供的信息不符，可以直接以虚假信息为由无偿解除劳动合同。

3. 背景调查包括的内容。候选人在前雇主的入离职时间、职位、离职原因、主要业绩、奖惩情况以及对候选人的评价等。

4. 态度中立，注意保密。在背景调查过程中，猎头顾问应保持中立、客观的态度，同时，要注意对候选人的信息和即将入职客户公司的具体情况保密。

三、实训内容、实训方式、实训步骤及实训要求

（一）实训内容

实务实训情景资料

经过几轮沟通后，你最终确定了×集团B公司HT品牌电商总监候选人艾撒贝（Isabel）的职位（offer），并打算在明天发出入职通知。职位的薪酬是基本工资56800元/月×12个月，季度奖金为56800÷3×季度完成比例×4个季度，年终奖20万元，期权48万元分2年释放。

艾撒贝（Isabel）告诉你，她已经回签了职位，并向现任公司提出了离职申请，将在下个月15日正式入职B公司。

×集团B公司人力资源经理王颖（Wing）要求你要在2周内完成艾撒贝（Isabel）的背景调查报告。

（二）实训方式

情景模拟、背景调查报告实操练习。

（三）实训步骤

（1）请列举所有要向候选人收集的背景调查资料信息。

（2）请列举为候选人进行背景调查时必须遵守的原则。

（3）请列举所有的背景调查方式。

（4）在背景调查过程中，你通过候选人艾撒贝（Isabel）现任公司人力资源经理李娜（Tina）了解到艾撒贝（Isabel）的在职时间与艾撒贝（Isabel）本人提供给你的简历信息有差异，请问你会怎么做？

（5）请按照标准背景调查模板与班级同学模拟演练背景调查的全过程，并制作一份背景调查报告以电子邮件的形式发送给×集团B公司的人力资源经理王颖（Wing）。

（四）实训要求

（1）能够独立完成候选人的背景调查报告。

（2）背景调查报告客观中立、内容全面。

四、实训时间及成绩评定

（一）实训时间

建议本项目的实训时间为 2 课时。

（二）成绩评定标准

（1）内容：背景调查报告所提供的数据和观点是否客观，内容是否全面、中立。

（2）格式：背景调查报告是否简洁大方、行文流畅，没有标点符号错误，没有错别字。

【实训项目 23：我的复盘】

我的实训项目复盘

【模块总结】

候选人的推荐工作是猎头顾问的前期工作最终在客户面前的展现，也是对猎头顾问是否准确分析职位、把握客户意图的有效检验。推荐报告更是候选人具体价值在客户端的整体呈现。好的推荐报告对合适的候选人有锦上添花的效果。

在推荐的过程中，对候选人信息的完整性、准确性的掌握是关键。在安排客户与候选人面试的过程中，有效沟通、合理安排、尽量减少双方的沟通成本和麻烦是猎头顾问多方协调能力的综合体现。

薪酬问题是猎头项目能否成功的临门一脚，猎头顾问在与候选人接触的早期就应考虑这个问题并时时保持关注。比如，对候选人及客户双方对彼此的现状及期望值要有清晰而准确的认知，全面了解客户对候选人的吸引力源于何处，候选人的背景、经验及能力对客户的吸引力如何，等等。这些都可以作为谈判条件的信息，猎头顾问都应尽可能地掌握。

在薪酬磋商过程中，猎头顾问不能有所偏袒而造成一方利益受损，应发挥协调双方分歧的作用，帮助双方做出合理的妥协，找到双方利益的平衡点。

模块七 候选人的推荐、背景调查，客户面试及聘用

【模块感悟】

我的模块实训感悟

模块八　候选人离职、入职管理

【模块框架】

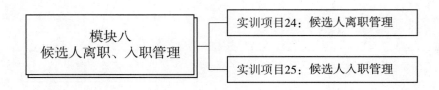

【模块目标】

➢（1）熟悉候选人离职、入职等环节的相关流程和内容。

➢（2）掌握协助候选人离职、入职的相关工作，能对候选人进行一定程度的辅导。

➢（3）能够熟练地处理在候选人离职、入职等相应环节中出现的异常情况，并提出应对方案。

"猎头顾问成长记Ⅰ"系列（24）

怎么办？我的候选人被挽留了

优秀的人总是不缺工作，到哪里都非常吃香！

经过我们与候选人的电话沟通、简历推荐报告、企业客户面试、薪酬磋商等环节，候选人刘炜（Cathy）对企业客户所给出的薪酬项目及金额表示接受。

顺理成章地，×集团总部招聘主管朱蕾（Grace）给刘炜（Cathy）发出了录用通知，我们团队也感觉这个项目该告一段落了。

然而，刘炜（Cathy）的一封邮件如同一块扔向水潭的大石头，在我们团队内部溅起了三丈高的水花——她被目前所在的公司挽留了。

突然出现的事件，让我们团队有点不知所措，我们便把这件事汇报给了我们的项目经理，即我们的职业导师李依可（Leo），导师让我们淡定，先弄清楚整件事背后的真实原因，接下来自然就会有答案了。

在李依可（Leo）导师的指导下，我们设计了一份工具表（见表8-1）。

表8-1 候选人离职管理工具包——候选人被挽留解决方案

类型	表现形式	解决方案	备注
形式挽留	口头认可、肯定挽留，不会有实际方案和行动阻止	和候选人沟通，企业挽留人才是正常现象，继续协助候选人办理离职手续	
实质挽留	口头认可＋实际方案和行动阻止离职的发生	及时和候选人沟通，分析其去留的利弊。所谓"当局者迷"，故应帮助候选人分析企业挽留背后的原因和动机 （1）加薪：是不是企业在"画大饼"？为何之前没有加 （2）晋升：是谁给予的晋升？是否有权限？是否得到一把手的肯定	

梳理完这份表格之后，团队成员内心淡定多了，第一时间把梳理的相关问题通过电子邮件的形式发送给了刘炜（Cathy），以了解她的具体情况，并和她预约时间电话沟通。

实训项目 24 候选人离职管理

猎头顾问寻猎过程中的每一个环节都非常重要,如果候选人无法成功离职,我们将前功尽弃。

——编者

一、实训目的

(1)熟练地掌握候选人离职进度安排流程。

(2)能协助候选人对离职、入职进行相关准备,并提请候选人及时对所需资料及时进行完善。

(3)能做到紧密跟进、主动沟通。

二、实训加油站

候选人在离职的过程中,需要面对的是原公司的挽留和手头工作的及时交接。猎头顾问则需要在候选人提离职申请之前预估可能出现的情况,如候选人原公司的挽留、拒绝、拖延等情况,以协助候选人准备对应方案。

在此过程中,猎头顾问需时时把握候选人的动向,掌握最新情况,及时了解候选人是否需要协助。要帮助候选人完成离职流程,顺利交接,从原公司离开,并确保候选人能做好准备,准时入职客户公司。

三、实训内容、实训方式、实训步骤及实训要求

(一)实训内容

实务实训情景资料介绍

候选人艾撒贝(Isabel)答复你关于职位的薪酬方面没有问题,她可以接受。目前,她手头上一个项目需要 4 周的时间才能完成,其中有 2 周的时间要去清华大学参加行业的一个培训课程,因此无法在收到入职通知书后的一个月内入职,至少需要推迟 2 周,希望你能协助她与新东家的人力资源经理进行沟通。

（二）实训方式

情景模拟，角色扮演，头脑风暴。

（三）实训步骤

（1）请你写下需要与候选人艾撒贝（Isabel）进行确认的要点，以及与人力资源经理王颖（Wing）要沟通的重点信息。

（2）分小组进行一对一的角色扮演，体验在实际沟通中会遇到哪些难点，并讨论出解决方案。

（四）实训要求

（1）预先分组，并选出组长负责组织工作和组内任务的分配。
（2）主动参与，积极发言。
（3）善于使用互联网、微信等资源。
（4）以学生参与及发言为主，教师进行点评为辅。

四、实训时间及成绩评定

（一）实训时间

建议本项目的实训时间为 2 课时。

（二）成绩评定

（1）态度：组长是否履行职责，小组成员是否主动参与、踊跃发言。
（2）内容：是否认真梳理、设计了相关话语艺术，是否解决了候选人无法按时离职的问题。
（3）其他：情景演练中的语言是否得体、语音语调是否妥当、肢体语言是否匹配等。

【实训项目24：我的复盘】

我的实训项目复盘

"猎头顾问成长记Ⅰ"系列（25）

"空降兵"的心事——候选人的入职管理

通过与候选人刘炜（Cathy）进行电子邮件及电话沟通后才了解到，其所在公司确实对她进行了挽留，不管加薪也好，晋升也罢，力度都挺让人心动的。

感谢×集团总部管理层的诚意，总体来说，其职位和薪酬还是超越了刘炜（Cathy）原先所在的单位，尤其是薪酬。当然，刘炜（Cathy）看中×集团总部的，是其发展前景和企业文化。同时，刘炜（Cathy）也有点忐忑，担心难以融入，或者新入职之后现实与理想会有较大的差异。

我们了解了刘炜（Cathy）的期待和顾虑之后，为了帮助其顺利度过保证期，顺利适应新企业，我们又开始寻求职业导师李依可（Leo）的帮助。

李依可（Leo）导师打开手提电脑，娓娓道来，给我们深入地梳理了以下关于候选人的入职管理思路。

一、入职管理跟进重要节点

1. 入职前一周的电话确认。
2. 入职当天的电话跟进。
3. 入职1个月内的电话跟进。
4. 入职3个月内的电话跟进。
5. 入职6个月内的电话跟进（与公司保证期无关）。
6. 见面是更好的方法（如适用）。
7. 在系统或者邮件或手机日历中设定提醒。
8. 把跟进的所有结果记录到数据库中，一旦发现有异常，及时进行处理。

二、入职管理跟进重要内容——企业客户端

1. 向企业客户全面、深入地介绍候选人的特点，用其所长，协助企业客户做好支持和关心工作，让候选人能顺利扎根，避免"水土不服"。
2. 引导企业客户给候选人一定的适应时间，充分授权，帮助候选人解决一些超出其范围的问题。

三、入职管理跟进重要内容——候选人端

1. 入职前，协助候选人尽快熟悉企业，利用猎头顾问的优势，向候选人

介绍企业的情况和职位情况、董事长或高管的情况、企业的问题和困难等。

2. 入职后，协助候选人熟悉企业和上司，熟悉企业的组织架构、规章制度，熟悉团队成员的关系等。发挥自身的长项和优势，集中精力和时间，解决关键问题。

3. 入职后，利用猎头顾问及其所在猎头公司的优势，为候选人提供一些政策、信息、经验、专业等方面的智力支持，确保候选人顺利度过入职的磨合期。

…………

最后，李依可（Leo）导师告诉我们，这只是粗略的框架思路，具体操作起来还是有很多细节需要落实的，尤其是涉及一些政策、信息、专业的问题，需要日积月累，不然，在面对候选人所面临的问题或困境时，是无法给予其真正意义上的辅导或帮助的，也会给保证期增添变数。如果自己或所在的猎头公司在协助候选人解决问题方面不够专业，只能寄希望于运气好，能找到特别能解决问题的候选人了。

看着自己写得满满当当的笔记本，我已经两眼冒星星了，一脸崇拜地看着李依可（Leo）导师，心想她怎么那么厉害呢，仿佛没有什么能够难倒她，只要我们带着问题来，她就能让我们带着解决方案走。

模块八　候选人离职、入职管理

实训项目 25　候选人入职管理

人性的复杂远超我们的想象力。候选人入职（空降）到一家陌生的新公司，将面临许多未知的挑战，我们猎头顾问需要做到心中有数。

——编者

一、实训目的

（1）熟练掌握候选人的入职安排流程。
（2）能协助候选人对入职进行相关的准备。
（3）能做到紧密跟进，主动沟通。

二、实训加油站

（一）候选人保证期出状况的处理办法

候选人入职了，猎头顾问并不是就万事大吉了。大多数猎头公司和企业客户一般都会签订合同，约定保证期的相关条款，时间为 3 个月或 6 个月不等，主要由收费情况、约定商谈等决定。如果候选人在保证期内辞职或被解雇，猎头公司及猎头顾问则要履行合同中的相关条款。

处理的办法可以灵活多样，比如，猎头公司返还全部费用或者部分费用；免费重新寻找一个新的候选人；用下一个职位的佣金进行抵扣。

（二）了解出状况背后的真实原因

候选人能够顺利通过企业客户的面试，至少说明在面试评估环节，企业客户对其还是挺满意的。候选人正式入职后出现状况，其原因是多种多样的，需要猎头顾问认真深入分析。可能存在的原因有：

1. 候选人进入企业后，发生了"水土不服"。 俗话说："谈恋爱是两个人的事，而结婚却是两个家族的事。"候选人面试时只是和负责招聘的领导见过面，初步了解了该企业的文化，真正进入企业后，可能诸多复杂的人际关系就会浮现水面。这个时候，一方面，候选人需要和企业客户进行积极沟通；另一方面，需要猎头顾问向候选人反馈信息，协助候选人度过保证期。

2. 企业对候选人不满意。 遇到这种情况，猎头顾问更要主动、积极关注候选人入职之后的状况，一旦有异常，应及时沟通协调，避免问题最后无法解决。

三、实训内容、实训方式、实训步骤及实训要求

（一）实训内容

实务实训情景资料介绍

经过前期持续的努力，候选人艾撒贝（Isabel）终于成功入职×集团C公司HT电商品牌总监。

入职之后，经过近半个月的适应期，艾撒贝（Isabel）发现该公司并没有她了解中的那么美好，于是萌生退意，便和猎头顾问林娜娜（Linda）沟通，想重新换一个公司。林娜娜（Linda）立刻与作为该项目主管的你进行了汇报。

你看完材料之后，终于了解了事情背后的一些原因。

第一个原因是×集团的规模大，其所有的管理都比较规范。艾撒贝（Isabel）之前所在的公司规模相对较小，管理偏向宽松，一时半会感觉有点不太适应。

第二个原因是，C公司HT品牌团队内部有两个人原先指望着职位晋升，艾撒贝（Isabel）的空降让他们梦想破灭，心生不满的他们把不满情绪都发泄到了艾撒贝（Isabel）身上，让她颇为尴尬。

（二）实训方式

情景模拟、角色扮演、头脑风暴。

（三）实训步骤

（1）请你及项目团队写下与候选人艾撒贝（Isabel）沟通需要确认的要点。

（2）请你及项目团队写下与×集团C公司人力资源经理王颖（Wing）需要沟通的重点信息。

（3）作为项目主管，请你组织团队成员进行一对一的角色扮演，体验在实际沟通中会遇到的难点，并讨论解决方案。

（四）实训要求

（1）预先分组，并选出组长负责组织和分配组内任务。
（2）主动参与，积极发言。
（3）善于使用互联网、微信等资源。
（4）各小组派出代表进行展示，其他成员及教师进行点评。

四、实训时间及成绩评定

（一）实训时间

建议本项目的实训时间为 2 课时。

（二）成绩评定

（1）态度：组长是否履行职责，小组成员是否主动参与、踊跃发言。
（2）内容：是否认真梳理设计了相关话语艺术，是否解决了候选人到岗后的问题。
（3）其他：情景演练中的语言是否得体、语音语调是否妥当、肢体语言是否匹配等。

【实训项目25：我的复盘】

我的实训项目复盘

【模块总结】

一旦候选人离职与入职问题处理不好，对猎头顾问来说，会产生一种"阴沟里翻船"或者"煮熟的鸭子又飞了"的感觉。

在大多数情况下，候选人的离职不是太大的问题，但是也难免会遇到原东家不断挽留，诸如通过加薪、晋升等方式，出现候选人最终无法按时到岗的情况。客户不会认为这是候选人的问题，而只会质疑猎头顾问对候选人的管理能力或者猎头顾问的专业影响力。

候选人的入职有时也会出现状况，比如水土不服、关系不和谐、被出局等状况，猎头顾问也许是极佳协调者之一。因此，猎头顾问需要了解清楚原因，积极协调，避免项目中途夭折。

【模块感悟】

我的模块实训感悟

模块八　候选人离职、入职管理

"猎头顾问成长记Ⅰ"尾声

是结束，也是开始——进阶之旅的开始

光阴荏苒，岁月如梭，转眼间"现代猎头实务实训（初级）"课程即将告一段落了。

随着"现代猎头实务实训（初级）"课程的结束，我和小伙伴们在南方学院的求学生涯也即将结束。这个由职业导师李依可（Leo）担任项目经理、人力资源管理专业现代猎头方向数位同学作为项目团队临时成员的大家庭，其成员算是正式散伙了，也即将各奔西东。想着即将离开这些朝夕相处的小伙伴们，我心里充满了不舍。

经过近一年的猎头顾问项目实战，我们收获颇丰，成长了很多。如果时光可以倒流，我在广州南方学院依然会再次选择人力资源管理专业猎头方向。

正如猎头行业的某位大咖所言，也许猎头顾问不是值得做一辈子的工作，但是绝对值得做一阵子的工作。

对此，我深表认同。在实习期内，我们一个月里曾最多筛选过上千份简历，陌拜过近百各色单位各色人选，也参与过面试诸多行业前辈，真是"阅人无数"。对将来需要从事与人打交道的行业的我来说，这是一笔非常珍贵的财富，不仅拓宽了我的视野，增长了我的见识，提升了我的抗压能力，而且锻炼了我的写作能力。

通过这一年的校企合作实践活动，在李依可（Leo）导师的指导下，我不仅夯实了"现代猎头原理与案例"课程中的许多理论知识，而且把猎头顾问实务流程模块全部运用了一遍。

当然，毕竟我们只是项目的临时成员，猎头业务流程中的一些内容我们还没有更深入的接触，比如，和合作方洽谈价格、回款、项目的后续跟进服务。我相信，如果选择入职李依可（Leo）导师所属的公司，这些都将会一一经历。

带着不舍、带着期待，我们也快成为毕业生了，即将参加工作。

加油！让自己扎根中高端招聘行业，努力成为自己期望的一名老兵。

附 录

一、课程报告模板

现代猎头顾问实务实训课程报告

（撰写指南）

题　　目：＿＿＿＿＿＿＿＿＿＿＿＿＿＿

院　　系：＿＿＿＿＿＿＿＿＿＿＿＿＿＿

专　　业：＿＿＿＿＿＿＿＿＿＿＿＿＿＿

姓　　名：＿＿＿＿＿＿＿＿＿＿＿＿＿＿

学　　号：＿＿＿＿＿＿＿＿＿＿＿＿＿＿

课程教师：＿＿＿＿＿＿＿＿＿＿＿＿＿＿

二〇　　年　　月

目 录

第一章 （行业名称）行业分析 ·· 246
 第一节 ××行业发展现状 ··· 246
 第二节 ××行业主要企业与品牌 ··· 246
 第三节 ××行业发展历史、现状和趋势分析 ····························· 247
 第四节 小　结 ·· 247

第二章 ××行业人才需求分析 ·· 248
 第一节 ××行业人才供给情况 ·· 248
 第二节 ××行业人才需求情况 ·· 248

第三章 ××企业客户分析 ·· 249
 第一节 公司概况 ·· 249
 第二节 企业组织及团队分析 ·· 250
 第三节 企业运营及战略分析 ·· 251
 第四节 小　结 ·· 252

第四章 企业客户职位需求分析 ·· 253
 第一节 客户职位需求来源及内容 ··· 253
 第二节 职位需求解析 ·· 253
 第三节 小结（职位画像） ··· 253

第五章 人才画像及人才地图 ·· 254
 第一节 人才画像 ·· 254
 第二节 人才地图 ·· 254
 第三节 寻访团队、流程和日程安排 ·· 254
 第四节 小　结 ·· 255

第六章 总结及复盘 ·· 256
 第一节 课程报告总结 ·· 256
 第二节 课程收获和建议 ··· 256

参考资料及文献 ·· 257

第一章 （行业名称）行业分析

（章、节标题黑体、四号；其他正文宋体、小四，1.5 行距，此部分核心知识点在"现代猎头理论"课程及本教程模块二中学习过，可在其中寻找撰写思路。）

第一节 ××行业发展现状

一、××行业概念（定义）、起源

撰写建议：这部分明确行业的概念（定义）、起源、发展历程，需要描述这个行业是做什么的，是否有细分，行业是如何进行分类的。

二、××行业主要产品分类

撰写建议：这部分梳理行业主要产品的分类，了解这个行业中主流产品的相关情况。

三、××行业特点归纳

撰写建议：这部分可以是行业特点的总结归纳。比如，快速消费品行业是所有行业中竞争最惨烈的行业，快速消费品行业的关键词是创新，产品、营销模式等都要创新；发展的条件是文化、品牌、营销、情感。

第二节 ××行业主要企业与品牌

一、××行业主要企业与品牌

撰写建议：这部分需要梳理行业企业数量及排名，排名的来源及权威性如何，是否存在什么问题，代表性企业及其品牌是什么。可具体列举。

二、××行业主要企业与品牌市场占有率格局

撰写建议：这部分可通过表格的形式进行呈现，把企业、品牌、占有率列表进行分析。

第三节 ××行业发展历史、现状和趋势分析

一、××行业的发展历史

撰写建议：这部分主要描述过去所经历的发展阶段，提炼每个发展历程的特点，这些特点可让行业相关者拥有哪些机会。

二、××行业的发展现状

撰写建议：这部分可以根据相关行业分析报告的数据描述市场规模、行业的主要收入构成（结构是否合理）、行业的盈利模式（核心盈利模式是什么？是否良性发展）等。

三、××行业的发展趋势

撰写建议：这部分主要深挖行业及本人所定位的细分市场发展趋势（影响趋势的主要因素）。比如，整个制造业（含专注领域人工智能制造）的发展趋势（影响因素）、市场规模的发展趋势。

第四节 小 结

撰写建议：这部分主要对前面的几点内容进行提炼和总结，重点需要与后面的内容进行链接，梳理市场发展趋势和市场容量与人才需求的关联。

第二章 ××行业人才需求分析

（章、节标题黑体、四号；其他正文宋体、小四，1.5行距。）

第一节 ××行业人才供给情况

撰写建议：这部分主要描述××行业的人才供给情况。可以根据人才数据分析报告、各人才网站、各大专院校专业数量和毕业生数量进行统计分析。

第二节 ××行业人才需求情况

撰写建议：这部分主要描述××行业的人才需求情况。以第一章所收集、分析的资料为基础，对所选择行业中的目标企业某一岗位进行人才需求分析。此部分参考资料可在众多第三方人力资源服务企业年度报告中获取。

第三章 ××企业客户分析

（章、节标题黑体、四号；其他正文宋体、小四，1.5行距。此部分核心知识点在"现代猎头理论"课程及本教程模块二中学习过，可在其中寻找撰写思路。）

第一节 公司概况

一、公司名称

撰写建议：这部分主要描述企业名称，描述企业类型（国有企业、中央管理企业、民营企业、外资企业等），民营企业中又分为中国500强或非500强企业，外资企业中，按规模分为500强和非500强，按国别又分为美资企业、德资企业、法资企业、俄资企业、日资企业、港澳台资企业等。企业类型不同，所需人才的类型风格迥异。

二、企业地址

撰写建议：这部分主要描述企业所在区域（包含子公司的分布区域）。这一部分的内容主要是可能对候选人吸引产生影响的地域因素，该区域的主要特点是什么，比如政策、人口、交通、教育、人文等情况。

三、企业规模

撰写建议：这部分主要描述企业的规模情况。比如，市值或年产值、分公司或子公司数量、覆盖区域、雇主品牌等。这一部分的内容可能是对候选人产生影响的平台因素，有些候选人跳槽会考虑企业的规模。

四、发展历程

撰写建议：这部分主要描述企业的具有重大影响的发展节点及相关事件，以及这些节点或者事件给企业发展产生了哪些有利或者不利的影响。

五、企业文化

撰写建议：这部分主要描述可能对吸引候选人产生影响的企业文化因素，包括愿景、使命、价值观，并挖掘企业文化形成的缘由、背景，探索企业文化与创始人、管理团队的关联，阐述企业文化的变迁过程和原因。

六、竞争对手

撰写建议：这部分主要描述企业的竞争对手，数量、具体名称，竞争对手的优势和劣势（对比竞争对手，己方的优劣势是什么）、战略布局，竞争对手的规模、盈利、市值、团队特点，等等，是否有可能从竞争对手哪里获得人才。

七、工作环境

撰写建议：这部分主要描述企业的具体工作环境，可以是硬件的，也可以是软件的。

第二节 企业组织及团队分析

一、组织结构

撰写建议：这部分是对吸引候选人产生影响的组织因素和岗位因素的分析，主要描述企业的组织结构类型，自企业成立起，经过了多少次企业组织结构的迭代，迭代的原因是什么，目前所采用的组织结构类型的原因又是什么。

二、创始人（董事长）

撰写建议：有人说一个企业的文化就是创始人的文化，尤其是企业初创期或者是中小型企业，创始人文化的痕迹更加明显。此部分主要剖析创始人的原生态家庭、成长经历、性格特点、教育背景、管理风格等。越是高级别的岗位，今后与创始人合作共事的时间和机会越多，如果二者不合拍，候选人将越难存活。

三、管理团队

撰写建议：一个人可能走得更快，但一群人可以走得更远。一个强大的企业除了要有充满智慧的掌舵人外，拥有卓越的团队也至关重要。这部分主要分析企业团队中的主要负责人群体和直属经理的背景（教育背景、从业背景）、偏好，主要职责与分工，团队风格，能力及成功或失败的原因。

四、员工分析（人才盘点）

撰写建议：有的企业通过创始人看出其特点，有的企业则可以通过员工判断其特点。这部分可从人才盘点的角度分析企业的员工数量、性别比例、年龄比例、工龄、学历结构、专业结构、晋升途径、培养目标、员工的来源、离职率和入职率。比如员工的来源，若是学校招聘（即校招），则分析高校来源；若是社会招聘（即社招），则分析渠道来源、区域来源等。

如果上述大部分人才盘点的资料比较难获取，则可以选择所能获得的部分资料和数据进行分析。

五、薪酬待遇

撰写建议：虽然薪酬不是唯一的影响因素，但是大部分还未实现财务自由的人都会考虑薪酬待遇。这部分主要描述企业的薪酬待遇，它可能是吸引人才的薪酬福利因素。首先可以参考企业的内部数据，其次可以参考企业招聘需求的数据，最后可以参考薪酬的行情数据。

第三节　企业运营及战略分析

一、主要产品及业务范围

撰写建议：这部分主要分析企业客户的主要产品及业务范围，这部分可能是对吸引人才产生影响的业务因素。

二、财务分析

撰写建议：这部分主要分析企业的营业额或生产能力，若能获得企业的财务报表，则可以深入分析其盈利能力。这部分可能是对吸引人才产生影响的财务因素，一般情况下，候选人都希望所选择的企业资本实力雄厚、盈利能力强劲。

三、当前挑战及未来战略

撰写建议：这部分主要分析企业当前所面临的挑战和未来的战略。当前的挑战可能是候选人的顾虑所在，而企业未来的战略则可能是候选人的机遇所在。

第四节 小 结

撰写建议：这部分可以依据前面所做的分析，进行以下两个部分的小结：

（1）归纳总结企业类型所需人才类型、特点的影响（公司名称、类型）；吸引候选人的闪光点（公司简介）、平台因素（公司规模）、业务因素（主要产品、业务范围）、财务因素（营业额、盈利能力）、行业因素（所属行业）、战略因素（企业发展战略）、薪酬因素（企业待遇）、文化因素（企业文化）；影响候选人选择的地域因素（公司地址、子公司分布地域）；影响候选人选择的管理因素（企业管理团队的管理风格）；影响候选人选择的利好消息或负面新闻。

（2）企业客户类型是哪一种类型：新领域的建立者、传统行业的创新者、传统行业的延续者、行业领跑者、创新型公司、有潜力的创业型公司，应根据所筛选类型进行相应的分析。

第四章 企业客户职位需求分析

（章、节标题黑体、四号；其他正文宋体、小四，1.5 行距。这部分核心知识点在"现代猎头理论"课程及本教程模块二中学习过，可在其中寻找撰写思路。）

第一节 客户职位需求来源及内容

撰写建议：这部分主要描述企业的职位需求来源，比如企业官网、招聘网站、主动寻访开发，职位名称、职位需求内容，等等。

第二节 职位需求解析

撰写建议：这部分主要深挖企业的职位需求，包括该职位是新设置的职位还是继任者，如果是继任者，前任的主要情况怎么样，成功或失败的原因是什么，该职位的主要职责、分工是什么，面临的主要挑战、需要完成的目标、该职位的晋升路径和发展前景、衡量该职位成功的标准是什么，是否有行业偏好，对技能、经验、教育背景、从业背景、能力、动机的要求如何，薪酬待遇如何计算。

第三节 小结（职位画像）

撰写建议：这部分主要根据职位需求来源和内容、职位需求解析构，建出该企业职位画像。

第五章 人才画像及人才地图

（章、节标题黑体、四号；其他正文宋体、小四，1.5 行距。这部分核心知识点在"现代猎头理论"课程及本教程模块二、模块五中学习过，可在其中寻找撰写思路。）

第一节 人才画像

撰写建议：这部分主要根据前面对行业的分析、企业的诊断、职位需求的解读，构建人才画像。

首先，可以从职位描述入手，弄清楚职位要求和具体职责。职位要求通常包括教育背景（主要包括学历和专业，需要分析企业对学历是否有硬性要求，是否有名校或一本或全日制本科要求）、资格证书（是看重能力，还是看重证书）、工作年限（结合行业的平均水平，根据职位对应的层级和薪资进行分析，评估薪资水平的高低，预判企业的晋升和资历要求）、工作技能（对应职责进行技能要求的评估，预判职责的程度）、软性素质（诸如愿景、使命、价值观、公司氛围、用人风格等企业文化，需要风格匹配、气场吻合）。

其次，从岗位说明书的职责着手，确保岗位说明书的职责描述具体、明确。重点依据为企业职位需求分析部分。

最后，从组织结构和管理团队中分析人脉关系图谱，尤其是汇报线和下属情况。

第二节 人才地图

撰写建议：这部分根据前面对所属行业资料的收集分析、企业客户本身的特点的归纳、对竞争对手情况的了解、对本职位核心竞争力的梳理，清晰人才地图的思路，明确人才地图目标，锁定具体的搜索方式（渠道），并细致到具体的搜索网址及操作方式。

第三节 寻访团队、流程和日程安排

撰写建议：这部分描述寻访团队的组建、分工，寻访的流程，可自行拟定项目周期，以甘特图的方式呈现日程安排。若担心在文档中设计表格会影响阅读，可同时新建表格并放入同一个文件夹，一并提交。

第四节 小　结

撰写建议：这部分描述通过寻访团队的努力，展现人才画像和人才地图的成果。

第六章　总结及复盘

第一节　课程报告总结

恭喜你，终于到这个环节了，《猎头顾问实务实训报告》即将完成。

能成功完成这份报告，非常了不起，也非常不容易。要知道，现在很多资源无法免费下载，很多账号需要企业账户，也许这些我们都没有，但最终我们还是努力完成了。

那么，我们来总结一下吧。

这部分主要总结自己通过完成此份课程报告的收获以及报告中的不足之处，在这些不足之处中，哪些是受个人因素的影响，哪些是受资源、条件等因素的影响。如果在资源、条件均具备的情况下，课程报告中哪几个部分可以完成得更好。

第二节　课程收获和建议

还记得本教程前言所说的吗？——"虽然我们努力让《现代猎头实务实训教程（初级）》接近实战，但是模拟终归是模拟，无法和真正意义上的实战相提并论。"在高校开设"现代猎头实务实训教程"是一件非常不容易的事情，我们依然在拓荒的路上。

感谢选修这门课程的同学，一路坚持到底，积极主动参与。在这个过程中，我们应该会有很多的收获、感悟和建议。为了更好地优化这门课程，请把你们的心路历程、点滴心得记录下来吧，不管你将来是从事招聘工作，还是从事猎头工作，这些都是宝贵的财富。当然，我们也欢迎各位老师和同学对本教程提出宝贵的建议。

参考资料及文献

[1] 企业官网＋所用资料网址
[2] 招股说明书＋所用资料网址
[3] 财务报表＋所用资料网址
[4] 论坛＋所用资料网址
[5] 论文文献作者、论文名称、来源
[6] 著作作者、著作名称、出版社、出版年、页码

二、课程期末报告作业要求

1. **成绩比例**：实行百分制，该报告占全部课程成绩的50%。
2. **作业团队**：个人作业，独立完成。
3. **呈现形式**：以word+PDF版本提交至课程邮箱lietoushixun@163.com。
4. **报告命名**：姓名-学号-《猎头顾问实训报告》。
5. **报告包含的内容**。

（1）行业分析。选择一个自己喜欢或擅长的行业，收集该行业的相关资料、信息、数据。

（2）企业分析。选择上述行业中排名前十位的任意一家企业作为分析对象，对该企业的相关资料（参考招股说明书的框架内容）进行分析。

（3）岗位需求分析。搜索目标企业官网，找到其招聘公告，以其招聘需求为依据，选择该企业任意一个中高级岗位，对该岗位需求进行深度解读，给出人才需求条件，并撰写人才寻访方案。

（4）绘制人才画像和人才地图。根据行业分析、企业分析、岗位分析，完成人才画像和人才地图的绘制（根据人企匹配、人岗匹配分析确定人才寻访方案、人才需求，即需要寻访何种人才才能满足该企业的需求）。

（5）候选人推荐。根据自己所搜集的简历、简历筛选结果、深度剖析等，给出所诊断企业客户所需的候选人推荐报告。

6. **报告要求**。

（1）企业所属行业分析，包含发展趋势、行业数据等（20%）。

（2）行业资料、企业资料、岗位资料分析合理（20%）。

（3）候选人与企业（人企）/组织，候选人与客户岗位（人岗）匹配具有现实可操作性（40%）。

（4）报告内容行文具有逻辑性、条理性（10%）。

（5）报告具有封面、目录，文档排版美观（10%）。

三、课程报告成绩评定记录

学生姓名：

小组组长评语：
小组组长签名：　　　　　　　　　　年　　月　　日
课程教师评语：
课程教师签名：　　　　　　　　　　年　　月　　日

课程教师评分：	小组组长评分：

综合成绩得分：

四、课程评分体系与标准

序号	得分	报告评分标准
1	60～69分	（1）提交了一篇2000字以上的论文（报告） （2）论文（报告）格式较多错误，排版存在较多问题
2	70～79分	（1）提交了一篇3000字以上的论文（报告），且论文（报告）有自己的观点 （2）论文（报告）格式基本正确、逻辑较清晰、排版较美观 （3）在企业组织分析、岗位需求分析、候选人画像及寻访方案方面的内容较为全面
3	80～89分	（1）提交了一篇3000字以上的论文（报告），且论文（报告）有自己的观点，并结合自身实际谈学习收获 （2）论文（报告）格式正确、逻辑清晰、排版美观 （3）在企业组织分析、岗位需求分析、候选人画像及寻访方案方面具有自己较为独特的见解
4	90～100分	（1）提交了一篇3000字以上的论文，且论文所有的观点都是自己的，并在结合自身实际谈学习收获的同时，与老师上课讲的观点进行呼应（感想或评判） （2）论文（报告）格式正确、逻辑清晰、排版美观 （3）在企业组织分析、岗位需求分析、候选人画像及寻访方案方面具有自己较为独特的见解，且符合行业、企业现实，具有一定的可行性

教师教学服务说明

尊敬的老师：

衷心感谢您选择使用由中山大学出版社出版的"应用型大学管理类高质量人才培养系列教材"，我们将陆续推出人力资源管理专业现代猎头方向的系列教材：《现代猎头原理与案例》《现代猎头实务实训（中级）》《现代猎头实务实训（高级）》，欢迎各位持续关注。

与丛书相关的配套教学资源，请到中山大学出版社网站（http://www.zsup.com.cn）下载，也可与我们联系，我们将向您免费提供。

欢迎随时反馈教材使用过程中的疑问、修订建议，并分享您教学过程中所积累的学生作品。联系邮箱：nrtces@163.com。

后 记

自 2017 年 9 月我加入中山大学南方学院（现广州南方学院）国家猎头研究中心（现更名为猎头研究与培训中心）从事高校人力资源管理专业现代猎头方向相关教学、校企合作产教融合等工作，已经四年多了。

这四年多，我们为高校猎头拓荒教育做了许多探索性的工作。比如 2020 年 4 月 20 日，在中国人力资源开发研究会的指导下、上海踏瑞计算机软件有限公司的协助下、全国几十位高校教师的大力支持下，我们成功举办了全国首届高校现代猎头师资班。

这四年多，我们朝"汇聚政校企协力量，搭建协同育人平台；培养组织招猎精英，促进行业规范进化"的目标又前进了一小步。截至本书交稿之际，我们利用教学之余的时间，已经陆续拜访了几十家珠三角地区的猎头公司，也为全国许多高校链接了校企合作资源，帮助多所高校人力资源管理专业开设了"现代猎头方向模块"课程。在接下来的日子里，我们将继续深耕，为更多组织的招聘及猎头人才的培养尽绵薄之力。

编写教材并非易事，此书稿原本两年前就需要交付出版，奈何琐事缠身，时间与精力有限，内心多次萌生退意，甚至想放弃。最终，我还是坚持下来了，并将成稿交付中山大学出版社，内心感慨万千，也充满了感激之情。

首先，感谢中国这个美好的国度和当下这个美好的时代，感谢广州南方学院的高层领导们审时度势，乘应用型高校建设的东风，给了我们众多教师创新强校应用型课程建设的机会，《现代猎头实务实训教程（初级）》的出版才有可能。

其次，感谢陈天祥院长和史娜副院长的大力支持，也感谢猎头研究与培训中心团队成员刘洪华老师、陈芬老师、杨秀平老师的通力合作，为校企合作、产教融合创造了良好的土壤。

再次，感谢参编人员广州普恩企业管理服务有限公司的首席运营官何霭莉女士、首席执行官王文女士、项目经理邓采薇女士和梁冬女士，她们为本教程提供了大量的专业知识、素材和案例；感谢江苗老师，她为本书提供了不一样的视角，并与我们一起编写了"猎头顾问成长记Ⅰ"系列故事，从猎

后　　记

头顾问生涯成长的角度出发，不仅有利于拓宽学生的思维，而且增强了实训的场景感；感谢深圳展动力人才集团的人力资源总监周辛女士和人力资源经理耿世界先生，他们补充、丰富了本教程的内容，并对全书内容进行了严谨的把关。

复次，感谢中山大学出版社为本书提供了一个宝贵的平台：中山大学出版社编审邹岚萍女士及其团队成员为本教程的出版尽心竭力，邹老师及其团队成员的敬业精神和专业功底让我充满敬佩之情。

最后，要感谢2013级以来学院几个专业的学子们。教学相长，他们年轻的心灵、丰富的想象力、认真的态度，让我从每一次课堂的互动中获得了成长。正如我经常在课堂上说的："只要同学们专注一个领域若干年，就可以成为我的老师了。"众多毕业生已经用行动给出了最好的答案，无论是专业度，还是其他方面，很快就和我们齐头并进甚至有所超越，我心甚慰，倍感自豪。

由于编写时间与校对时间仓促，不妥及疏漏之处在所难免，欢迎猎头行业的业界人士、众多读者不吝赐教与指正。

相关建议和反馈信息请发送至邮箱：nrtces@163.com。

李葆华
2022年8月8日于南苑